NAOMI GOODMAN
ROBERT MARCUS
SUSAN WOOLHANDLER

Rezepte zwischen Himmel und Erde

Gaumenfreuden aus biblischer Zeit

SCHULTE & GERTH • PATTLOCH VERLAG

Die amerikanische Originalausgabe
erschien im Verlag Fleming H. Revell,
a division of Baker Book House Company
unter dem Titel
„The Good Book Cookbook".
Idee und Realisation von Three's Company

Die weltweite Co-Edition dieses Buches
wurde organisiert
von Angus Hudson Ltd., London
Aus dem Amerikanischen übersetzt von
Mechthild Bruchmann

Die Bibelzitate wurden mit freundlicher Genehmigung der Deutschen Bibelgesellschaft der Lutherbibel in ihrer revidierten Fassung von 1984 entnommen.

ISBN 3-89437-418-7
Best.-Nr. 815 418 (Schulte & Gerth)
ISBN 3-629-00696-5 (Pattloch)
1. Auflage 1996
2. Auflage 1997
Umschlagtypografie: Olaf Johannson
Satz: Die Feder GmbH, Wetzlar
Printed in Singapore

Danke

An dieser Stelle möchten wir all unseren Kollegen und Freunden danken, die uns mit ihrem breiten Wissen geholfen haben, dieses Kochbuch zu schreiben. Besonders geholfen hat uns Dr. George Landes, Professor für Biblische Archäologie am Union Theological Seminary. Er war unser wichtigster Berater und hat uns in großzügiger Weise seine Zeit und sein Wissen zur Verfügung gestellt. Außerdem möchten wir uns bei Rabbi Michael Robinson, Reverend Richard Baggett Deats, Pearl Braude, Margaret Beach, Woodford Beach, Belle Goldblum, Percival Goodman, Rachel Goodwoman, Andre Lobart, Ruben Gums, Constance Prescod, Mary Marcus, Renee Marton, Victoria Marcus Martin, Paola Nivola-Silvas, Daniel Schley, Suzanne Sutin, John K. Sutin, Cynthia Vartan, Richard Wells, Barbara, Stephanie und Anne Woolhandler und nicht zuletzt bei den Mitarbeiter von Wolff Computer bedanken.

Außerdem möchten wir Alan Gillian dafür danken, daß er uns authentische Gebrauchsgegenstände aus dem Mittleren Osten zur Verfügung gestellt hat. Eine große Hilfe war auch die Haushaltswissenschaftlerin Catherine Lake. Und – last but not least – bedanken wir uns bei dem exzellenten Photographen Joe Morse vom Unique Image Studio in London.

Hinweis

Alle Rezepte sind gewissenhaft auf ihre Authentizität geprüft worden. Außerdem wurden sie alle nachgekocht und probiert.

Nicht alle Rezepte sind koscher, da einige von ihnen entstanden sind, bevor die Regelungen für koscheres Kochen eingeführt wurden. Auch die Rezepte, die in der Zeit des Neuen Testamentes verbreitet waren, sind nicht alle koscher, da sie zum Teil aus dem ägyptischen und römischen Kulturkreis stammen.

Inhalt

Vorwort

Obwohl die Bibel sich nicht direkt mit Ernährung befaßt, werden vom 1. Buch Mose (in dem Gott dem Menschen Pflanzen und Früchte zur Nahrung gibt) bis zur Offenbarung (wo von Bäumen des Lebens gesprochen wird, die zwölfmal im Jahr Früchte tragen) durchgehend Lebensmittel und ihre Zubereitung bzw. ihr Verzehr beschrieben oder erwähnt. Im Gegensatz zu ihren babylonischen Vorfahren oder späteren römischen Nachfahren geben die Autoren der Bibel keine Rezepte zu den flüchtig genannten Speisen bekannt. Forscht man aber genau in der alten Literatur des Nahen Ostens und vergleicht, wie im Mittleren Osten die gleichen Nahrungsmittel unserer biblischen Vorfahren von Gourmets jüngerer Zeit zubereitet wurden, stellt man überrascht eine Übereinstimmung zwischen vielen Gerichten fest.

Solche Nachforschungen haben unsere Autoren in hervorragender Weise angestellt. In mühevoller Kleinarbeit und mit geschulter Vorstellungskraft haben sie der von ihnen vorgestellten, faszinierenden Rezeptsammlung authentische Qualität verliehen. Darüber hinaus wird der Leser, wenn er Delikatessen wie Rebekkas Eintopf und Königin Esters Granatapfel-Walnuß-Soße oder Gerichte von der Festtafel des Königs Salomo kostet, nicht nur einige neue, ausgezeichnete Geschmackserfahrungen machen, sondern er wird mit dem speziellen Lebensstil der jeweiligen biblischen Epoche vertraut gemacht.

Ich habe einige Kostproben der auf den folgenden Seiten beschriebenen Gerichte genossen und kann meine Gaumenfreuden all jenen bekunden, die ebenfalls „ihre Herzen mit Freude erfüllen lassen wollen" (Apostelgeschichte 14,17). Mir hat diese Erfahrung – und ich wünsche sie auch allen anderen Lesern – ein neues Verständnis für die Einladung des alten Psalmbeters gegeben: „Schmecket und sehet, wie freundlich der Herr ist…" (Psalm 34,8).

George M. Landes, D. D.
Professor für biblische Archäologie
Union Theological Seminary

Einführung

„Und er trug Butter und Milch auf und von dem Kalbe, das er zubereitet hatte, und setzte es ihnen vor und blieb stehen vor ihnen unter dem Baum, und sie aßen."
1. Mose 18,8

Mit diesem Kochbuch laden wir Sie ein, in die Küche der biblischen Ahnen zu treten. Sie werden eine nahrhafte und oft überraschend raffinierte Kochkunst entdecken. Grundlage hierfür sind die vielen Hinweise auf Essen und Trinken in der Bibel. Die Mahlzeiten wurden oft in großer Freude gegenüber Gott, dem wir unsere Nahrung verdanken, zubereitet und gegessen. Viele unserer Informationen haben wir Passagen der Heiligen Schrift entnommen. Wir haben Rezepte für spezielle Gerichte, wie *Gerstenbrote, Esaus Linsengericht, Hesekiels Brot,* das *Gebratene Lamm* und das *Gemästete Kalb* ausgearbeitet und dazu Bibelkundler und Experten auf kulinarischem Gebiet befragt. So konnten wir moderne Rezepte zu damals gängigen Gerichten, einschließlich einiger Rezepturen zu königlichen Festgelagen, zusammenstellen. Unsere Sammlung umfaßt traditionelle Mahlzeiten zu religiösen Festen nach jüdischen Vorschriften sowie alltägliche Speisen und Festessen der ersten Christen.

Wir haben in archäologischen Quellen, biblischen Kommentaren, in der Literatur der klassischen Antike und der Geschichte der Landwirtschaft und Ernährung des Mittleren Ostens und des Mittelmeerraums nachgeforscht. Dieses Buch sollte jedoch ein Kochbuch für den Hausgebrauch werden. Darum haben wir die Rezepte dem heutigen Standard entsprechend eingeteilt und nicht in historischer Reihenfolge aufgeschrieben.

Eine gesunde Küche

Naturgemäß haben wir es in der Bibel mit einer gesunden Küche zu tun. Sie verkörpert die von heutigen Ernährungswissenschaftlern und Ärzten vertretenen Prinzipien. Brot und Getreidegerichte waren Vollkornprodukte; das Mehl wurde per Hand auf Steinen gemahlen, was bedeutet, daß es sich um eine Kost mit ausreichenden Ballaststoffen handelte. Hauptnahrungsmittel waren Joghurt und einfache Frischkäse sowie rohes Gemüse, Getreide und Hülsenfrüchte. Eine vegetarische Kost mit Milchprodukten bestimmte den Alltag. Fleisch gab es nur zu besonderen Gelegenheiten, Fisch und Geflügel standen dabei häufiger auf dem Speiseplan. Früchte und Nüsse waren Hauptzutaten zu köstlichen Soßen und Desserts. Es gab damals noch keinen industriell hergestellten Zucker, darum kommt Zucker in diesem Kochbuch auch nicht vor. Sie werden jedoch – neben Honig – andere, ungewöhnliche Süßen aus Datteln und Trauben kennenlernen.

Seine geografische Lage zwischen den

Der geschäftige Obst- und Gemüsemarkt in Bethlehem

fruchtbaren Ländern der aufgehenden Sonne machten das Heilige Land zum Schmelztiegel kulinarischer Einflüsse. Durch ungewöhnliche Schicksale gelangten einige Frauen und Männer der Bibel an Königshöfe mit alten, hochentwickelten Kulturen. Der Zeitrahmen dieses Buches beginnt etwa 3000 vor Christus mit der Wanderung erster Nomadenstämme, die ausgesuchte Fleischstücke an ihren Feuerstellen brieten und Brot auf heißen Steinen backten. Er endet etwa 100 nach Christus mit den Liebesmahlen der frühen Christen während der Römerzeit. Auf diese Weise werden Sie die Backwaren der Pharaonen in Ägypten kennenlernen, die babylonischen Obstgärten, die Gewürze der Perser, die gesunde Kost im klassischen Griechenland, die verschwenderischen Bankette des Römischen Kaiserreichs und das letzte Abendmahl Jesu mit seinen Jüngern.

In der Zeit, die im 1. Buch Mose beschrieben ist, jagten die Familien von Abraham, Isaak und Jakob wilde Vögel, melkten ihr Vieh und versorgten ihre Herden, sammelten Kräuter und würzten damit ihre Speisen. Sie legten Vorräte an, die aus halbwilden Gerstenkörnern, Feigen und Trauben bestanden. Schmackhafte Eintöpfe, gebratenes Lamm, gegrillte Wachteln, Frischkäse, eingeweichte Früchte, ungesäuerte Brote und Salate mit gerösteten Körnern sind Beispiele für die gute „primitive" Küche, wie sie in diesem Kochbuch beschrieben ist.

Im Reich der Pharaonen, entlang des fruchtbaren Flußlaufs des Nils, der für sein üppiges Nahrungsangebot berühmt wurde, machte die Küchenkunst ihre Fortschritte. Die Malereien in ägyptischen Grabkammern haben uns Bilder von Küchen, Bäckereien, Gärten und Fischzuchten aus den Jahren um 2000 vor Christus hinterlassen. (Einige Zeichnungen sind so genau, daß Geflügel noch durch die Färbung der Federn identifiziert werden kann.) Hier in Ägypten blühte die Back- und Kochkunst. Versteinerte Brote, die in jüngster Zeit gefunden wurden, lassen auf die Verwendung von Hefe schließen. Berichte von Pharao Ramses III. listen mehr als eine Million Brote verschiedener Sorten auf, die der Gottheit Amon-Ra dargebracht und anschließend wahrscheinlich von den Sklaven verzehrt wurden, die die Pyramiden bauten. Wir zeigen Ihnen, wie man Natursauerteigbrot selbst backen kann, oder auch Brote mit Zwiebeln, Feigen oder exotischen Gewürzen von östlichen Karawanen. Anhand eines

Die fruchtbaren Äcker bei Nazareth im modernen Israel

Menü-Plans und passender Rezepte können Sie ein luxuriöses Bankett im ägyptischen Stil zusammenstellen, wie Mose es wahrscheinlich kennengelernt hat. Unser Kapitel über Gemüse zeigt alte Verfahren, wie man saftige Melonen, scharfe Lauchsorten, knackige Rettiche und exotische Lotuswurzeln schmackhaft zubereitet. Das sind die Gerichte, die sich die Juden nach ihrem Auszug aus Ägypten auf dem Weg durch die Wüste seufzend herbeisehnten (4. Mose 11,5).

Eine unverwechselbare Küche

In dem gelobten Land, das von Milch und Honig fließt, Weizen, Trauben, Gerste, Feigen und Oliven die Fülle bietet, baute das Volk der Bibel einen mächtigen Nationalstaat auf, der sich auf einmalige religiöse Prinzipien gründete. Diese Prinzipien, die bis in die Zusammenstellung und Behandlung von Nahrungsmitteln reichen, verboten den gleichzeitigen Verzehr von Fleisch- und Milchprodukten in einer Mahlzeit. Dadurch unterschied sich die Küche der Hebräer grundlegend von den Eßgewohnheiten aller übrigen Volksgruppen im Mittleren Osten, obwohl die Nahrungsmittel die gleichen waren.

Unser Hauptanliegen ist es, einen Blick in den Alltag der uns durch die Bibel vertrauten Menschen zu werfen und sie durch

Ein Olivenhain auf dem Ölberg bei Jerusalem

ihre einmaligen Methoden der Nahrungszubereitung besser kennenzulernen.
Wir haben versucht, die unterschiedlichen Kochgewohnheiten im alten Heiligen Land darzustellen und das besondere Verhältnis, das die Juden zu ihren Tieren hatten, aufzuzeigen. Dieses Verhältnis bestimmte die Art und Weise, wie Fleisch und Milchprodukte behandelt wurden.
So haben wir Beispiele für alle damaligen Möglichkeiten der Fleischzubereitung angeführt. Sie werden eine Vielzahl von ungewöhnlichen Fleischgerichten mit Zutaten wie Wein, Früchten, Nüssen und Kräutern entdecken, die in Israel im Überfluß zu finden sind. Sie werden eine Fülle von frischen Früchten und Kräutersalaten, Gemüseeintöpfen und herzhaften Hülsenfrucht- und Getreide-Gerichten kennenlernen. Wir präsentieren köstliche, kalziumhaltige Milchprodukte und sagen Ihnen, wie Sie Joghurt, Quark und Brot nach Art unserer Vorväter selbst herstellen können. Wir bieten Ihnen eine reichhaltige Auswahl von uns bekannten und speziellen Zutaten, wie sie in Israel wachsen, zum Beispiel schwarzem Kümmel (Dillsamen), Koriander, Anis, Zimt, Cassis, Most, Traubenhonig, Dattelsirup, Rosenwasser, Orangenblütenwasser, Kapern und Granatapfelkerne.

Neue Nahrungsmittel
Mit der Eroberung des Heiligen Landes durch Mesopotamien, durch die Perser, Griechen und Römer gelangten neue Nahrungsmittel ins Land. Jede Besatzungsmacht hat schriftliche Rezepte hinterlassen, die durch den Zusammenhang mit den königlichen Festtafeln exakter und ausgefallener waren als die bescheidenen Hinweise in der Bibel.

Das älteste uns bekannte „Kochbuch" ist eine Sammlung von mesopotamischen Tontafeln. Ursprünglich war es als pharmazeutisches Handbuch gedacht. Wie in allen bisher gefundenen Kochrezepten unserer Vorzeit waren keine genauen Mengenangaben verzeichnet. Die Keilschrift auf den mesopotamischen Tontafeln hat den fragilen ägyptischen Papyrus zwar überlebt, aber die Eigennamen der Pflanzen, Gewürze und Zutaten waren äußerst schwierig zu entziffern. Glücklicherweise existiert jedoch eine gute Übersetzung einer Liste von Erzeugnissen aus den Gärten des babylonischen Königs Merodach-Baladan, der in Jesaja 39,1 erwähnt wird.

Die Perser
Die toleranten Perser waren nach Mesopotamien die nächsten, die das Heilige Land und seine Bevölkerung in Besitz nahmen. Als See- und Handelsvolk, dessen Reich sich fast bis nach Indien erstreckte, führten die Perser neue Pflanzen, Tiere und Gewürze ein und perfektionierten ihre Küche mit legendären Delikatessen und unglaublichem Reichtum. Das Buch Ester beginnt mit einem persischen Bankett, das 180 Tage dauerte (Ester 1,1–6). Unsere Auswahl antiker persischer Lebensmittel und Gerichte gibt Ihnen einen kleinen Einblick in das kulinarische Vermächtnis dieses Kaiserreichs.

Als die Menschen im Heiligen Land Teil des griechischen und römischen Imperiums wurden, erweiterten sich ihre Eß- und Kochgewohnheiten. Die antiken Berichte über Botanik, Ernährungsgewohnheiten und Nahrungsmitteltechnologien sind sehr umfangreich. Hierzu gehören auch die Kochbücher von Apicius, „De Re Coquinaria". Man nimmt an, daß diese Bücher um die Zeit der ersten christlichen Gemeinden geschrieben wurden.

Die Römer waren zur Zeit ihres großen Kaiser stolz auf ihre üppigen und verschwenderischen Festtafeln. Es mußten Gesetze erlassen werden, um diese extravaganten Gelage zu beschränken. Damit der Umfang des Menüs einigermaßen in Grenzen gehalten wurde, überwachten Aufsichtsbeamte die großen Bankette. Sogar die Christen dieser Epoche mußten von Judas ermahnt werden, ihren Appetit zu zügeln und die gemeinsamen Mahlzeiten in den Gemeinden würdig einzunehmen (Judas 12). Vielleicht müssen auch Sie Ihren Appetit zügeln, wenn Sie sich die legendären Festgelage anhand der Rezepte und Menüvorschläge unseres Kochbuchs vorstellen.

Praktische Hinweise
Wenn nicht anders vermerkt, gelten alle Rezepte für 6 Personen. Einige Zutaten sind Ihnen vielleicht fremd und exotisch, doch die meisten unserer Rezepte können dank moderner Technik leicht verwirklicht werden. Wie haben wir unsere heutige Kücheneinrichtung ganz neu schätzen und lieben gelernt, wenn wir uns vorstellten, wie viele Stunden die Menschen damals mit Mahlen, Quetschen, Salzen, Trocknen, Einlegen und anderer Vorratshaltung beschäftigt waren! Die Köchinnen und Köche machten alles selbst, auch ihre Töpfe und Pfannen stellten sie selber her.

In diesem Buch haben wir versucht, Ihnen den jahreszeitlichen Rhythmus in der Landwirtschaft nahe zu bringen und die Vorratsmethoden, die seinerzeit im Heiligen Land üblich waren. Wenn man diese Methoden versteht, begreift man auch den Lebensstil der Menschen von damals und kann gleichzeitig die eigenen Mahlzeiten durch viele Varianten bereichern.

Wir hoffen, daß dieses Kochbuch einige der in der Bibel so anschaulich geschilderten Ereignisse neu belebt. Viele Berichte haben wir in unseren Rezepten erwähnt. Dabei haben wir den biblischen Bezug zu Ernte und Vorratshaltung, zum Kochen und Verzehr von Nahrungsmitteln im Alltag der revidierten Lutherübersetzung von 1984 entnommen. Es wäre schön, wenn Sie mit der gleichen Freude biblische Gerichte zubereiten und verspeisen, mit der wir diese Rezepte entwickelt, ausprobiert und ihr Gelingen genossen haben.

Bevor Sie loslegen

1. PORTIONEN. Alle Rezepte sind, falls nicht anders vermerkt, für 6 Personen gedacht. Brote und Kuchen reichen oft für mehr als 6 Leute.

2. SALZ. Die meisten Gerichte werden schwach gesalzen. Wenn Salz nicht gerade für chemische Vorgänge (wie beim Backen) erforderlich ist, heißt es in den Rezepten: „Salz nach Geschmack“.

3. ÖL kann eigentlich immer anstelle von Butter verwendet werden und ist im Text auch so angegeben. Butter eignet sich allerdings zum Backen besonders gut, weil sie den Teig geschmeidig macht, und wird darum gelegentlich empfohlen. Olivenöl ist nachweislich sehr gesund. Am besten ist kaltgepreßtes Öl, das bei der Herstellung nicht erhitzt wurde und daher noch alle Nährstoffe enthält. Benutzen Sie aus diesem Grund nur kaltgepreßtes Sesamöl, das man in Naturkostläden, aber auch in einigen Supermärkten findet. Orientalisches Sesamöl ist im Geschmack viel strenger und eignet sich nicht für unsere Rezepte. Andere, neutral schmeckende kaltgepreßte Öle können ersatzweise genommen werden, außer Erdnußöl oder Sojaöl, die einen ganz herausstechenden Eigengeschmack haben.

4. GEWÜRZE haben mehr Aroma, wenn sie erst kurz vor Gebrauch gemahlen werden. Es können auch fertig gemahlene Gewürze verwendet werden, allerdings sind die Mengen dann zu erhöhen, es sei denn, das Gewürz ist ganz frisch.

5. PETERSILIE. Hier ist immer die glattblättrige Petersilie gemeint, die einen kräftigeren Geschmack hat als die krause Sorte. Bei krauser Petersilie die Menge leicht erhöhen.

6. BRÜHE. Sollten Sie nach dem Kochen von Fleisch oder Gemüse eine Brühe übrighaben, dann heben Sie sie im Kühlschrank für eines der nächsten Gerichte auf.

7. ERSATZ FÜR WEIN IN MARINADEN. Fruchtsaft hat in Marinaden eine ähnliche Wirkung wie Wein, der zähes Gewebe auflöst und den Geschmack verbessert. Dieselbe Menge Traubensaft kann Wein ersetzen.

8. ERSATZ FÜR WEIN BEIM KOCHEN. In den Rezepten kann Wein durch Fruchtsaft in gleicher Menge ersetzt werden. Traubensaft empfiehlt sich hier besonders. Ist nur wenig Wein gefragt, kann auch eine Mischung aus Wasser und Essig, je zur Hälfte, ausreichen. Alkohol verdunstet übrigens beim Kochen und hinterläßt lediglich den Traubengeschmack des Weins.

9. VEGETARIER finden unter den entsprechenden Kategorien viele Rezept-Variationen. Gemüsebrühe kann Fleisch- oder Geflügelbrühe ersetzen.

ABKÜRZUNGEN FÜR MASSANGABEN

ltr	=	Liter
ml	=	Milliliter
125 ml	=	1/8 ltr
250 ml	=	1/4 ltr
375 ml	=	3/8 ltr
500 ml	=	1/2 ltr
750 ml	=	3/4 ltr
kg	=	Kilogramm
g	=	Gramm
EL	=	Eßlöffel
TL	=	Teelöffel

UMRECHNUNGSTABELLE FÜR DEN GASOFEN

Stufe 1	=	160 °C
Stufe 2	=	180 °C
Stufe 3	=	200 °C
Stufe 4	=	220 °C
Stufe 5	=	235 °C
Stufe 6	=	250 °C
Stufe 7	=	265 °C
Stufe 8	=	280 °C

Ernährung in der Bibel

„Findest du Honig, so iß davon nur, soviel du bedarfst, daß du nicht zu satt werdest und speiest ihn aus."
Sprüche 25,16

Die moderne Ernährungswissenschaft empfiehlt heute, das zu essen, was die Menschen zur Zeit der Bibel aßen, nämlich reichlich Ballaststoffe und Kalzium, wenig tierische Fette, viel frisches Gemüse und reichlich Früchte. Mitleidig sprechen manche von der nach ihrer Ansicht primitiven Unterernährung der damaligen Menschen. Das ist ein falsches Bild von den fünftausend Jahren, die die Bibel umfaßt. Es gab Hungersnöte, das ist richtig, aber es gab auch lange friedliche Zeitabschnitte, in denen die Menschen eine Fülle gesunder, nahrhafter Lebensmittel genossen. Einige Archäologen meinen, daß früher eine größere Vielfalt an kultivierten und wilden Pflanzen zur Verfügung stand als heute.

Reiche Ernten galten als Segen Gottes. In der Bibel werden frische Grundnahrungsmittel dankbar besungen: die Süße der Früchte, der Reichtum an Milch, Käse und Oliven, das herzhafte Getreide, die besonderen Vorzüge von Mandeln, Feigen, Trauben, Zwiebeln, Kümmel und Kräutern. Die Bibel benutzt häufig Bilder aus dem Alltag der Menschen, sie beschreibt die Blüte, den Duft und den Anbau von Pflanzen.

Ernährungswissenschaftler und Ärzte empfehlen uns, zu dieser natürlichen Lebensweise zurückzukehren. Viele Ballaststoffe, niedrige Cholesterinwerte, frische Nahrung und wenig Fleisch – alle Standards moderner Ernährungwissenschaft sind in den alten Speisevorschriften der Bibel enthalten. Die Verfeinerungen, die der Nahrung viel zu viel Nährwerte geraubt haben, hatten seiner Zeit noch keinen Einfluß auf die Ernährung. Sie sind eine Entwicklung der letzten 150 Jahre.

Ballastreiche Kost

Jeder Bissen Brot, den die Menschen der Bibel zu sich nahmen, bestand aus Vollkornmehl. Von daher war ihre Ernährung reich an natürlichen Ballaststoffen. Weißen Zucker gab es in allen Jahrhunderten, von denen das Alte Testament berichtet, nicht. Zucker, der zu Paulus' Zeiten in kleinen Mengen von Indien nach Rom importiert wurde, wurde als Verdauungsmittel in Apotheken verkauft. Fleisch wurde wenig gegessen und sehr selten mit Butter- und Sahnesoßen angereichert. Im 2. Buch Mose wird verboten, Fleisch und Milchprodukte zusammen in einer Mahlzeit zu essen, und im 3. Buch Mose wird der Verzehr von Tierfett untersagt, ein Verbot, das gerade heute energisch bei zu hohem Cholesterinspiegel ausgesprochen wird. Fleisch wurde gewöhnlich nur zu religiösen Festen oder anderen ganz besonderen Gelegenheiten gegessen, wie bei der Heimkehr des Verlorenen Sohnes. Der Bedarf an Eiweiß wurde durch die Kombination von Vollkorn mit Hülsenfrüchten gedeckt. Zusätzlich zum hohen Eiweißgehalt enthält die Zusammenstellung von Vollkorn und Hülsenfrüchten Kohlenhydrate, Vitamine, Mineralien und Ballaststoffe ohne jedes tierische Fett. Außerdem ergänzen sich die Aminosäuren beider Nahrungsmittel auf hervorragende Weise. Mit Kräutern, wildem und kultiviertem Gemüse, Gewürzen, Nüssen, Knoblauch, Zwiebeln, Joghurt und Olivenöl verbesserten die Menschen nicht nur den Geschmack, sondern auch den Nährwert ihrer Nahrung. Frische Gemüse wurden täglich gegessen. Wie sehr die Kinder Israel den selbstverständlichen Genuß von frischem Gemüse entbehrten, ist in 4. Mose 11,5 nachzulesen, wo sie auf ihrer Wanderung durch die Wüste Sinai den Verlust der Früchte Ägyptens bejammern.

Vegetarische Kost

Die Kapitel über Vollkorn und Hülsenfrüchte, Obst und Gemüse und über Brot zeigen Ihnen, wie man diese Nahrungsmittel in den Alltag einbezieht. Probieren Sie, wie Daniel eine zehntägige, vegetarische Diät (Daniel 1) einzuhalten, oder versuchen Sie, nach und nach pflanzliches Eiweiß in ihre gewohnte Ernährung einzubringen. Lassen Sie, wie die Menschen damals, Geflügel, Fisch, Eier oder kleine Mengen an Milchprodukten zu Ihrer Grundnahrung werden. Es gibt keine bessere Ernährung, mögen andere Nahrungsmittel auch noch so köstlich sein.

Warum Vollkorn? Die heutigen Mahlmethoden entziehen dem Korn den Keim und die Kleie. Wenn man bedenkt, daß damit die Ballaststoffe, Vitamine, Mineralien und essentiellen Fettsäuren verloren gehen, spricht alles dafür, Keim und Kleie des Weizens im Mehl zu belassen. Die Leichtigkeit der Weißmehlerzeugnisse ist ein Zeichen, daß die „schweren" Nährwerte entzogen wurden. Auch Nudeln und andere Teigwaren haben keinen besonderen Nährwert mehr, es sei denn, sie sind aus Vollkornmehl hergestellt.

Gesunde Ernährung

Die heutigen Experten für Ernährung und Gesundheit empfehlen uns aus Gesundheitsgründen, die biblische Lebensweise wieder in unseren Alltag zu übertragen. Im Garten Eden hatte Gott für Adam und Eva Früchte und Gemüse vorgesehen. Nach dem Sündenfall wird ihnen Gemüse als Nahrung speziell verordnet (1. Mose 3,18: „... du sollst das Kraut auf dem Felde essen"). Die Bibel ist voll von Lob und Dank für den Pflanzenreichtum, den Gott den Menschen als Nahrung bietet. Auf der anderen Seite wird der Genuß von tierischer Nahrung streng begrenzt.

In der Bibel wird der köstliche, fast unwiderstehliche Duft von Fleisch gelobt. Als Noah in 1. Mose 8,20 und 21 Gott nach der Flut ein Dankopfer brachte, war der aromatische Geruch von gebratenem Fleisch so überwältigend, daß Gott den Menschen ihre Sünde vergibt, ja, verspricht, die Welt nicht mehr zu zerstören, und ihnen den Verzehr von Fleisch unter Beachtung gewisser Vorschriften erlaubt. Die Bibel erklärt sehr genau, unter welchen Bedingungen ein Tier getötet werden darf. Dabei ist nicht der Appetit auf Fleisch ausschlaggebend. Das Leben, das Gott sowohl dem Menschen als auch dem Tier gleichermaßen gegeben hat, ist unter allen Umständen zu achten. Das Tier muß unter gesunden Bedingungen aufwachsen und, wie Gott am siebenten Tag ruhte, ebenfalls am Sabbat ausruhen. Es darf beim Schlachten keine Qual leiden. Die Gefühle, die das Tier seinen Jungen gegenüber empfindet, müssen respektiert werden.

Die Behandlung von tierischen Lebensmitteln hatte das Kollektiv und jeder einzelne zu verantworten. Heute werden Fleisch (und alle tierischen Lebensmittel) von staatlichen Veterinärämtern kontrolliert. Sie übernehmen die Verantwortung, daß Fleisch hygienisch behandelt wird und ohne Krankheitserreger ist, eine Bedingung, die auf die Bibel zurückgreift. Wie sieht es mit unserer Verantwortung gegenüber dem von Gott gegebenen Leben aus?

Vielleicht sind Sie motiviert, ihren Konsum tierischer Fette zu reduzieren, um ihre

Die engen Gassen in Nazareth mit ihrem gut besuchten Gemüsemarkt

Arterien zu schonen und das Risiko eines Herzinfarktes zu vermindern. Daß zuviel Fett unser Kreislaufsystem schädigt, ist hinlänglich bekannt. Aber es gibt auch noch andere Gründe, den Konsum von Fleisch zu drosseln. Zu unserem 5000 Jahre alten jüdisch-christlichen Erbe gehört das Bewußtsein, daß auch die Tiere göttliches Leben empfangen haben. Wir alle sollten seltener Fleisch essen und, wenn wir es essen, den Fleischgenuß ganz neu bewerten.

Milchprodukte

Zur Zeit der Bibel aßen die Menschen regelmäßig Milchprodukte wie Joghurt und Joghurt-Käse. Mit Joghurt wurde damals das Gemüse angerichtet, heute eher mit Butter oder saurer Sahne. Joghurt-Käse mit Gewürzen war ein beliebter Brotaufstrich wie heute Kräuterquark oder wurde als gut gewürzter Dip zu frischem Brot und Gemüse gereicht. Die Milchsäurebakterien des Joghurt sind für die Gesundheit sehr wertvoll, und sie sorgen dafür, daß die Milch nicht leicht verdirbt. Ihre Kulturen stärken das Immunsystem im Darm und anderen reproduktiven Organen. Das Kapitel über Milcherzeugnisse bietet Ihnen viele leichte und köstliche Rezepte mit Joghurt.

Milchprodukte wurden von den Menschen der Bibel regelmäßig gegessen, allerdings in kleinen Mengen. Man glaubt, daß täglich kaum mehr als zehn oder 15 Gramm tierisches Eiweiß konsumiert wurden. Doch durch die regelmäßige Aufnahme von milchsäurehaltigem Joghurt und Joghurt-Käse wurden die wertvollen Bakterien im Verdauungstrakt am Leben erhalten. Damit Joghurt seine volle Wirkung entfalten kann, muß *lebender* Joghurt gegessen werden. Pasteurisierter oder anderweitig erhitzter und gesüßter Joghurt hat nicht die gleiche, wohltuende Wirkung. Der Zucker im handelssüblichen Joghurt verhindert außerdem die Kalziumverwertung aus der Milch. Kaufen Sie nur Natur-Joghurt, der aktive, lebende Kulturen enthält und der entsprechend ausgezeichnet ist. Oder machen Sie einfach ihren eigenen, billigeren Joghurt aus Magermilchpulver nach unserer Anleitung im Kapitel über Milcherzeugnisse. Süßen Sie leicht mit frischen oder getrockneten Früchten oder ein wenig Honig, oder probieren Sie das Joghurt-Käse-Rezept bzw. die Salatrezepte mit Joghurt-Soße aus.

Lassen Sie sich durch diese Grundsätze und Rezepte anregen, mehr Ballaststoffe, weniger gesättigte Fettsäuren, mehr Früchte und Gemüse und mehr kalziumreiche Magermilchprodukte zu essen. Die Menschheit hat sich viele tausend Jahre sehr gut ohne behandelte Nahrungsmittel ernährt und ist ohne chemische Zusätze und „Wunder-Vitamine“ ausgekommen. Ist es nicht lächerlich: Wir entziehen den Lebensmitteln mehr und mehr ihre Nährwerte und bieten sie dann als Wunderdrogen wie Ballaststoffe und Beta-Karotine wieder an! Diese Nährstoffe, wie sie im vollen Korn und frischen Gemüsen vorkommen, gibt es ausreichend in natürlicher Form seit vielen tausend Jahren. Überlegen Sie einmal: Was würden die Menschen der Bibel zu unserer neuen Erkenntnis sagen, daß Frischgemüse und Vollkorn für uns gesund sind?

Essen Sie frische Produkte

Es zeigt sich immer deutlicher, daß Nährstoffe wie Vitamine und Mineralien in Verbindung mit anderen natürlichen Grundstoffen eine bessere Wirkung haben. Die moderne Ernährungswissenschaft ist sehr jung. Es kann sein, daß in Zukunft noch viel mehr dieser Grundstoffe bekannt werden als bisher. Darum ist der Genuß von möglichst naturbelassenen Frischprodukten die beste Gesundheitsvorsorge.

Pflanzen, Ernten, Mahlen, Sammeln, Wasserholen und Feuerhegen waren harte Arbeit. Heute sind diese Arbeiten durch die uns zur Verfügung stehende Technik weitgehend vereinfacht. Wir haben Rezepte zusammengestellt, die fast alle leicht auszuprobieren sind. Sie werden bald feststellen, daß sich dank unserer modernen Technik leicht und schnell natürliche und gesunde Mahlzeiten bereiten lassen.

Vielleicht müssen Sie hierzu in Naturkostläden einige Nahrungsmittel einkaufen. Sprechen Sie mit dem Leiter Ihres Supermarktes, ob er Weizenvollkornmehl, Getreide wie Gerste, Hirse und Weizenkörner oder ähnliches beschaffen kann. Viele Geschäfte haben besondere Regale für Naturkostprodukte. Die Leiter der Lebensmittelabteilungen sind häufig gern bereit, ihr Sortiment nach Ihren Wünschen zu erweitern, wenn eine repräsentative Gruppe, wie eine Glaubensgemeinschaft, dahinter steht. Probieren Sie aus, wie stark Ihr Verbrauchereinfluß ist, um das Angebot an gesunder Nahrung in Ihrer Nachbarschaft zu verbessern.

Die frischen Gaben unseres Schöpfers zu genießen ist ein Privileg, das es neu zu entdecken gilt.

Milchprodukte

„Butter von den Kühen und Milch von den Schafen . . .“
5. Mose 32,14

„. . . daß ich sie errette aus der Ägypter Hand und sie herausführe aus diesem Lande in ein gutes und weites Land, in ein Land, darin Milch und Honig fließt . . .“
2. Mose 3,8

Milchprodukte gehörten bei den Menschen der Bibel zur täglichen Nahrung. Dagegen gab es Fleisch nur zu besonderen Gelegenheiten. Sowohl Milch als auch Honig hatten einen besonderen Stellenwert. Beides sind Produkte von Tieren, die ausschließlich zur Aufzucht und Ernährung ihres Nachwuchses gedacht waren. In 5. Mose 32,14 wird die Milch von Kühen und Schafen erwähnt, in 1. Mose 32,15 die Milch von Kamelen und in Sprüche 27,27 die Milch von Ziegen. Milch wurde als körperlicher und spiritueller Teil des Muttertieres betrachtet. Alte ägyptische Zeichnungen zeigen eine weinende Kuh, der man die Milch wegnimmt, während ihr Kälbchen Durst leidet.

Heidnische Religionen ehrten die Verbindung von Geburt, Milch und Mutterschaft mit Fruchtbarkeitsriten. Dabei wurden Kälber in der Milch ihrer Mütter gekocht. Zeremonien dieser Art waren den Hebräern nach 2. Mose 23,19 untersagt: „Du sollst das Böcklein nicht kochen in seiner Mutter Milch.“ Diese Vorschrift ist der Dreh- und Angelpunkt in den jüdischen Reinheitsgeboten, bekannt unter dem Begriff *koscher* oder *kasruth*. Jede Zusammenstellung von Fleisch und Milchprodukten in einem Gericht oder auch bei einer Mahlzeit wurde nach der Interpretation dieses Verses verboten. Durch die Trennung von Fleisch und Milchprodukten unterschied sich die Küche der Hebräer grundlegend von den Traditionen der im Mittleren Osten lebenden Menschen.

Joghurt und Käse

Im heißen Klima Palästinas hielt sich frische Milch nicht lange. Darum wurden die Prinzipien der Haltbarmachung von Wein und Brot auch auf die Vorratshaltung von Milch übertragen. Das Ergebnis waren Joghurt und Käse. Die hebräische Sprache der Bibel kennt drei Worte für Milchprodukte, die in etwa unserem Joghurt, Weichkäse und Hartkäse entsprechen. Die Lutherbibel übersetzt alle drei Begriffe mit *Butter.* Neuere Übersetzungen verwenden *Dickmilch,* was unserem heutigen Joghurt und Quark und damit der damaligen Zubereitung schon näher kommt. Zum Kochen wurde Olivenöl bevorzugt.

Ein Hirte mit seinem Vieh bei Sonnenuntergang

Einfacher Quark (links) und gepreßter Koriander-Käse

Käse

Grundrezept: Quark

In biblischen Zeiten wußte jede Familie, wie sie aus der überschüssigen Milch ihrer Schafe, Ziegen und Kühe Frischkäse herstellt. Die hier beschriebene Käsegewinnung ist – wie viele alte Techniken – weder arbeitsaufwendig noch schwierig, allerdings erfordert sie einige Organisation und Geduld. Käse entsteht, indem Eiweiß aus der Milch herausgepreßt wird. Zurück bleibt eine nahrhafte Flüssigkeit – die Molke. Fünf ltr frische Milch ergeben ca. 800 g Käse und einige Tassen Molke. Molke sollte man immer im Hause haben: zur Verfeinerung von Suppen und Soßen, zum Trinken – pur oder leicht abgeschmeckt – und immer gekühlt.

Am besten eignet sich saure Milch zur Gewinnung fast aller Käsesorten. Rohe, nicht pasteurisierte Milch läßt sich sehr einfach säuern: Nicht in den Kühlschrank stellen und über Nacht unbedeckt (in einer weiten Schüssel) dick werden lassen. Die im Handel übliche homogenisierte und pasteurisierte Milch mit einem EL Essig oder Zitronensaft auf 600 ml lauwarme Milch säuern.

Die saure Milch bei schwacher Hitze erwärmen, bis sie gerinnt. In einen mit einem Käsetuch ausgelegten Durchschlag oder ein Küchensieb schütten. Über einer Schüssel austropfen lassen und die Molke auffangen. Jeder saubere, leichtgewebte, ungefärbte Baumwollstoff oder jedes entsprechende Leinen eignet sich als Käsetuch. (Zwei Lagen eines feuchten Papierhandtuchs tut es zur Not auch.) Den Quark wenigstens 6 Stunden, am besten über Nacht, austropfen lassen. Kugeln formen und direkt verzehren oder nach den folgenden Rezepten verfeinern.

1 ltr Milch ergibt ca. 160 g Käse.

Gepreßter Koriander-Käse

Aus 1,4 ltr Milch nach dem Grundrezept Quark herstellen

2 EL fein gehackte Koriander-Blätter

So entsteht ein gepreßter Frischkäse: Den frischen Quark mit fein gehackten Korianderblättern verkneten. Nun den Quark erneut in das Käsetuch wickeln und mit den Händen zu einem Fladen von ca. 10 cm Durchmesser drücken.

Den den eingewickelten Käse auf eine feste Unterlage legen und z. B. mit einer Gußeisenpfanne beschweren. Das Gewicht mindestens 5 Stunden darauf liegen lassen. Der fertige Käse ist ca. 10 bis 20 mm hoch. Das Käsetuch entfernen und direkt servieren oder in mundgerechte Stücke schneiden. Dazu passen gut Oliven und getoastete Pitas (Brottaschen).

Joghurt-Käse

1 ltr Joghurt

1/2 TL Salz nach Wunsch

Den Joghurt salzen und auf ein doppelt gelegtes Käsetuch schütten, die vier Zipfel verknoten, so daß ein Beutel entsteht, und (über einem Gefäß) etwa 24 Stunden austropfen lassen. Alternativ einen Durchschlag oder ein Küchensieb mit einem Käsetuch auslegen und den Joghurt über einer Schüssel bis zu 36 Stunden austropfen lassen. Dadurch wird der Käse fester. Den Käse zu Kugeln rollen und als Häppchen servieren oder als Streichkäse verwenden. Dazu paßt Saras Brot oder Gerstenfladen.

Ergibt ca. 650 g Joghurt-Käse.

Frischkäse mit Kernen und Körnern

„... geröstete Körner, Honig und Dickmilch ...“
2. Samuel 17,28–29

3 EL frische (geschälte) Kürbiskerne

1 EL helle oder dunkle Senfkörner

1 TL Kümmel

1 TL Mohn

250 g frischer Weißkäse

je eine Prise Zimt, Koriander und Nelkenpulver

Salz nach Geschmack

2 EL Honig (nach Belieben)

In einer Pfanne die Kürbiskerne ohne Öl knusprig rösten. Häufig wenden. Die übrigen Samen und Gewürze hinzufügen; leicht rösten, bis die Senfkörner springen. Abkühlen lassen. Kerne und Körner über den Käse streuen. Salz nach Geschmack. Auf Wunsch einen Löffel Honig auf den Käse träufeln und Kerne und Samen darüber streuen. Die einzelnen Mengen nach Geschmack variieren. Mit Vollkornbrot, Linsen-Pfannkuchen und Matzen servieren.

Zimt-Käse

Zimt gehört zu den ersten Handelswaren, die vom Osten auf Kamelen in langen Karawanen durch die Wüste transportiert wurden. Zur Herstellung von Parfüms und Wohlgerüchen, aber auch als Gewürz war Zimt sehr beliebt (2. Mose 30,23). Kassia, eine in der Bibel erwähnte, zimtähnliche Borke, wurde ebenfalls auf diesem Weg gehandelt.

250 g frischer Quark (hergestellt nach dem Rezept für Joghurt-Käse)

2 TL frisch gestoßener Zimt (auf Wunsch auch mehr)

1 Prise Salz

1 TL Honig oder 2 EL süßer Traubensaft

Alle Zutaten miteinander vermengen. Im Kühlschrank lagern. Dieser Käse schmeckt ausgezeichnet auf Toast. Je nach Geschmack können auch Nüsse, Rosinen und mehr Honig zugegeben werden.

Grundrezept für Joghurt-Ziegenkäse-Aufstrich

50 g herber (scharfer) Ziegenkäse bei Raumtemperatur

300 ml Joghurt

2 EL Olivenöl

schwarze Oliven

gehackte Pistazien

Petersilie

schwarzer Kümmel

Käse und Joghurt zu einer weichen Masse verschlagen. Die Mengen nach Geschmack variieren. Milch oder Sahne zufügen, falls Sie den Aufstrich weicher lieben. Die Paste auf ein paar kleine, flache Teller streichen und Olivenöl darüber träufeln. Mit Oliven, Nüssen, Petersilie oder schwarzem Kümmel garnieren. Zusammen mit einer Sauerteig-Feigen-Rolle servieren. Eine Schüssel gewürzte Kichererbsen oder Salat passen gut zu diesem Gericht.

Ur: Grüner Butterkäse

„... Denn wenn man Milch stößt, so wird Butter daraus ...“
Sprüche 30,33

Mit Butter wurden im Heiligen Land einst Steuern bezahlt. Ur – eine Mischung aus Kräutern, Butter und Käse – ist eine uralte Zusammenstellung, die besonders bei den Babyloniern beliebt war.

je 1 EL frisch gehackte Petersilie, Pfefferminzblätter, Dill, Zwiebellauch (Frühlingszwiebeln), Korianderblätter, Senf- oder Raukenkohl, Thymian

225 g frischer Quark, Schmand, Saure Sahne oder Frischkäse

125 g Butter

Salz nach Geschmack

Butter und Käse bei Raumtemperatur mit Kräutern mischen und mit Salz abschmecken. Eine Stunde stehen lassen oder über Nacht zum Durchziehen in den Kühlschrank stellen. Mit Matzen, gerösteten Vollkornbrotschnitten oder über warmem Gemüse servieren. Die einzelnen Mengen lassen sich variieren.

Scharfer Rettich-Käse-Aufstrich

250 g frischer Quark (bei Raumtemperatur)

1 EL geriebener, frischer Rettich und/oder

1/2 TL frisch geriebener Meerrettich (oder mehr)

1 Prise Salz

Alle Zutaten miteinander vermengen. Am besten gleich servieren. Schmeckt ausgezeichnet mit frischen Gurkenscheiben auf Brot. Dazu kalte Getränke reichen.

Frischkäse mit verschiedenen Körnern (links), Zimtkäse (oben) und Ur, der grüne Butterkäse

Mit Käse gefüllte Weinblätter

30 Weinblätter

220 ml Olivenöl

220 ml Essig

FÜLLUNG

500 g milder Ziegenkäse, Joghurt-Käse oder eine Mischung aus beiden (Rezept für Joghurt-Käse siehe Seite 12)

Kümmel (nach Belieben)

SOSSE

300 ml Joghurt

1 EL fein geschnittene Basilikumblätter oder 1 TL getrocknetes Basilikum

1 EL fein geschnittene Pfefferminzblätter oder 1 TL getrocknete Pfefferminze

1 zerdrückte Knoblauchzehe (nach Belieben)

Weinblätter aus der Konserve 10 Minuten dünsten; frische, junge Blätter 20 Minuten. Eine Marinade aus Olivenöl und Essig herstellen, zum Kochen bringen und über die Weinblätter gießen. Mindestens 1 Stunde ziehen lassen, eine längere Marinierzeit verbessert jedoch den Geschmack. Die Marinade abschütten und für weitere Weinblätter, Hühnchen, Ente oder Fisch aufheben.

Für die Füllung den Ziegenkäse unbehandelt verwenden, während der Joghurtkäse mit Kümmel bestreut werden kann, da der Ziegenkäse einen strengeren Eigengeschmack hat als der Joghurtkäse.

Die Weinblätter auseinandernehmen, flach auf ein Brett legen und eine kleine Menge der Füllung (1 bis 3 TL) in die Mitte geben. Das Stielende des Blattes über den Käse legen, die beiden Blattseiten einschlagen und die Spitze zum Schluß darüberfalten. Auf diese Weise 30 Päckchen wickeln.

Joghurt mit den frisch geschnittenen (notfalls getrockneten) Basilikum- und Pfefferminzblättern mischen und nach Belieben Knoblauch zufügen.

Gefüllte Weinblätter mit der Soße servieren. Sie sollten 4 Weinblätter pro Person vorsehen. Gefüllte Weinblätter sind eine ausgezeichnete Ergänzung zum kalten Buffet oder bei einer Weinprobe.

Nach diesem Rezept zubereitete Weinblätter können auch mit gekochten Graupen, gekochter Hirse oder eingeweichtem Bulgur, jeweils gewürzt mit Kümmel, Minze oder Basilikum, gefüllt werden. Dazu paßt ebenfalls die beschriebene Soße.

Frischkäse mit Knoblauch und Kräutern

4 Knoblauchzehen – nicht geschält – (auf Wunsch auch mehr)

2 EL Olivenöl

Petersilie, Thymian und Dill, frisch insgesamt mindestens 1 EL, getrocknet insgesamt 1 TL

250 g Frischkäse (Raumtemperatur)

Salz nach Geschmack

Knoblauch in einem EL Olivenöl leicht goldgelb anbraten. Abkühlen lassen. Knoblauch schälen und mit den Kräutern hacken. Einen EL Olivenöl zufügen. Alles unter den Käse mengen und mit Salz abschmecken. Den Käse zu Kugeln oder Talern formen. Aus diesem Knoblauchkäse oder mariniertem Ziegenkäse läßt sich auch „Heißer Ziegenkäse mit frischem Kräutersalat“ zubereiten.

Gebackener Ziegenkäse mit frischem Kräutersalat

GRÜNER SALAT

bestehend aus bitteren Kräutern, wie Rauken- oder Senfkohl, Chicorée, Wasserkresse und römischer Salat Romana

1 kleiner, frischer Ziegenkäse oder Knoblauch-Kräuter-Käse (ca. 65 mm x 15 mm) pro Person

150 ml Olivenöl

1 EL Senf

1 TL Honig

30–40 ml Weinessig

Frische Kräuter: Korianderblätter, Thymian, Dill.

Die kleinen Ziegenkäse mindestens 4 Stunden in etwa 70 ml Olivenöl marinieren. Aus Senf, Honig, dem restlichen Olivenöl und Essig ein Dressing herstellen. Die Ziegenkäse auf ein Backblech geben und in einem vorgeheizten Ofen bei 220 °C 5–8 Minuten backen. Der Käse soll aufgehen und goldgelb werden. In der Zwischenzeit den Salat mit dem Dressing begießen und auf Desserttellern verteilen. Den fertig gebackenen Käse direkt aus dem Ofen in den Kräutern wälzen und zum Salat legen. Sofort mit Brot oder Kräckern servieren.

Römische Brokkoli-Ziegenkäse-Suppe

„... du hast Ziegenmilch genug zu deiner Speise, zur Speise deines Hauses und zur Nahrung deiner Mägde.“
Sprüche 27,27

2 Köpfe Brokkoli

1,4 ltr Wasser*

125 g frischer Ziegenkäse (auf Wunsch auch mehr)

Salat und Pfeffer

Essig

gestoßener Kümmel

gehackte Zwiebeln (Frühlingszwiebeln)

Petersilie oder Koriander

Brokkoli zerpflücken und 10 Minuten in Wasser kochen. Von der Herdplatte nehmen und Ziegenkäse hinzufügen. Mit dem Pürierstab alles fein zerkleinern, wobei Ihnen überlassen bleibt, wie fein die Suppe sein soll. Der Ziegenkäse muß sich in der Suppe ganz auflösen. Mit Salz, Pfeffer und Kräutern nach Wunsch abschmecken. Sofort mit Croutons, Brot und Butter und einem ausgefallenen Salat ohne Grün (z. B. aus Rettich, Orangen und Oliven) servieren.

** Fleischbrühe anstelle von Wasser; mit Sahne anreichern.*

Salatdressing aus Knoblauch, Käse, Petersilie und Oliven

2 ungeschälte Knoblauchzehen in der Schale

70 ml Wasser

125 g Schafskäse, z. B. Feta

150 ml Olivenöl

70 ml Rotweinessig

eine Handvoll schwarze Oliven, vorzugsweise in Öl, entsteint und gehackt

frisch gehackte Petersilie

Die Knoblauchzehen im Wasser 2 Minuten kochen, dann abkühlen lassen und pellen. Die Knoblauchzehen zusammen mit Käse, Öl und Essig pürieren. Wasser zufügen, falls ein flüssigeres Dressing gewünscht ist. Nun Oliven und Petersilie dazugeben. Vor dem Salzen abschmecken, da einige Käsesorten, wie Feta, schon ausreichend salzig sind. Zu Gemüsen, grünen Salaten oder als Dip reichen.

Marinierter Ziegenkäse

Um Frischkäse haltbar zu machen, bedeckte man ihn mit Öl und Gewürzen. Dadurch erhielt er gleichzeitig einen ausgezeichneten Geschmack.

insgesamt 1 $^{1}/_{2}$ TL (nach Geschmack auch mehr) Lorbeerblatt, Selleriesalz, Koriander, Kümmel, Thymian, Dill, Fenchel, schwarzer Pfeffer.

250–400 ml Olivenöl

500 g frischer Ziegenkäse

frische Petersilie oder Korianderblätter

Die Lieblingsgewürze auswählen und ins Olivenöl rühren. Wenigstens eine Stunde einweichen lassen. Den Käse zu Kugeln oder Talern formen und in einen oder mehrere Behälter zum Marinieren geben. Das aromatisierte Olivenöl über den Käse schütten und wenigstens eine Stunde vor dem Servieren ziehen lassen. Ist der Käse vollständig mit Olivenöl bedeckt, kann er mehrere Stunden ohne Kühlung bleiben. Im Kühlschrank wird das Olivenöl fest und unansehnlich. Käse immer vor dem Servieren auf Raumtemperatur erwärmen. Mit frischer Petersilie oder Korianderblättern anrichten und mit Matzen, Oliven und Pickles servieren.

Heißer Ziegenkäse mit frischem Kräutersalat (links) und mit Käse gefüllte Weinblätter

Joghurt

Joghurt wurde, wie jede Milch, die dickt, als Dickmilch betrachtet. Hier wird warme Milch mit gesunden Milchsäurebakterien *geimpft* und dadurch dick. Dieses alte Nahrungsmittel ist in unserer westlichen Welt sehr populär geworden. Guter Joghurt verkauft sich überall. Ein schmackhafter, preiswerter Joghurt kann aber auch selbst hergestellt werden. Mit Milchpulver wird er fester als mit homogenisierter Milch.

Zunächst benötigt man einen Joghurt-Ansatz.

Diesen Ansatz kann man im Reformhaus kaufen. Wir fanden jedoch, daß der gekaufte Ansatz auch nicht besser ist als ganz gewöhnlicher, handelsüblicher Joghurt.

Vollmilchjoghurt

1 ltr Milch

2 EL Vollmilchjoghurt oder Vollmilchansatz

Milch zum Kochen bringen, damit unerwünschte Bakterien zerstört werden; auf ca. 37–43 °C abkühlen lassen (etwas höher als unsere Körpertemperatur; läßt sich am Handpuls messen). Joghurt-Ansatz zufügen. Diese Mischung muß kontinuierlich warm gehalten werden, damit sie dick wird. Das läßt sich auf verschiedene Weise erreichen:

1. Den abgedeckten Milchkrug in einen Topf mit warmem Wasser auf einen Gasherd über eine Stichflamme stellen oder in einen Gasherd-Backofen mit gezündeter Stichflamme.
2. Den abgedeckten Milchkrug neben einen Heizkörper oder den Warmluft-Austritt eines Kühlschranks plazieren.
3. Die Joghurt-Mischung in eine vorgewärmte Thermosflasche mit weiter Öffnung schütten.
4. Einen elektrischen Joghurtbereiter nach Anweisung benutzen.

Milch braucht etwa 8 Stunden, um sich in Joghurt zu verwandeln.

1 ltr Milch ergibt 1 ltr Joghurt.

Milchpulver-Joghurt

Mit Milchpulver wird der Joghurt fester als mit frischer Milch.

450 g Milchpulver in 1 1/4 ltr warmem Wasser auflösen, 2 EL Joghurt zufügen und nach den Anweisungen für Vollmilchjoghurt verfahren.

Die 2 EL Joghurt für den Ansatz des neuen Joghurts werden immer der gelungenen, voraufgegangenen Joghurtherstellung entnommen. Konsistenz und Geschmack des Joghurts verändern sich mit der Zeit. Dünner Joghurt läßt sich ausgezeichnet trinken oder eignet sich für Suppen. Nach einigen Joghurt-Produktionen sollte der Ansatz erneuert werden.

1 1/4 ltr Wasser ergibt 1 1/4 ltr Joghurt

JOGHURT ZUM KOCHEN

Gesalzener Joghurt aus Ziegenmilch kann direkt zum Kochen verwendet werden. Kuhmilch-Joghurt dagegen gerinnt, wenn er nicht vorbehandelt wird.

1 1/2 l Vollmilchjoghurt

Eischnee von 1 Ei

1 TL Salz (bei weniger Joghurt weniger Salz)

Alle Zutaten in einen Topf geben, bei geringer Wärme erhitzen, dabei immer in gleicher Richtung rühren, bis der Joghurt zu kochen beginnt und dick wird. Die Wärme abschalten und 5–10 Minuten köcheln lassen. Dieser Joghurt kann nun mitkochen, ohne zu gerinnen. (Natürlich läßt sich alternativ unbehandelter Joghurt in eine Speise rühren, die zuvor von der Kochstelle genommen wurde.)

Joghurt mit frischen Kräutern und Gurke

„Mische frischen Joghurt mit allem grünen Kraut zur Nahrung."
1. Mose 1,30

2 mittelgroße Gurken, fein geschnitten (gespritzte Gurken schälen oder schrubben)

600 ml frischer Vollmilchjoghurt

Salz nach Geschmack

5 EL oder mehr frisch gehackte Korianderblätter, Petersilie, Minze, Dill, Fenchel, Zwiebellauch, Rauke (Senfkohl), sehr junges Grün vom Senf

600 ml Buttermilch (nach Belieben, siehe unten)

Als Suppe:
Alle Zutaten mischen und eine Stunde vor dem Servieren durchziehen lassen. Kühl stellen.
Als Soße oder Aufstrich:
Buttermilch und evtl. Gurke weglassen.

Joghurt-Sesam-Soße

300 ml Vollmilchjoghurt

70 ml Sesampaste (Tahini, siehe Seite 60) auf Wunsch mehr

1–2 EL Essig oder Zitronensaft

Salz nach Geschmack

Kräuter zum Bestreuen: frischer Dill, Korianderblätter, Petersilie

Alle Zutaten mischen, abschmecken. Mit Magermilch-Joghurt ergibt dies eine ausgezeichnete cholesterinarme (allerdings leider nicht kalorienarme) Soße zu Gemüsen, Broten und Salaten.

Vollmilchjoghurt (oben links), Joghurt-Sesam-Soße (rechts) und Joghurt mit frischen Kräutern und Gurke (unten links)

Joghurt-Drinks

Diese Drinks sind heute an heißen Tagen genauso köstlich wie zur Zeit der Bibel. Joghurt mit kaltem Wasser in einem Verhältnis 1 zu 2 verdünnen. Mit verschiedenen Geschmacksrichtungen im Mixer verrühren. Kalt servieren.

MINZE
Diese alte Variation schmeckt gesalzen und gesüßt. Einer verdünnten Joghurt-Mischung 6 Zweige fein gehackte, frische Pfefferminze zufügen und 1/2 TL Salz oder 2 TL Honig.

KALTE ROTE-BETE-CREME
Eine kleine, gekochte und geriebene rote Bete mit 300 ml verdünntem Joghurt mixen. Auf Wunsch mit Honig süßen. 1/4–1/2 TL Rosenwasser erzeugt einen ungewöhnlichen, leuchtend roten, nach Blumen duftenden Drink.

ORANGENBLÜTEN
Der Duft der Orangenblüten hat wahrscheinlich zum Genuß der Früchte verlockt. Verdünnten Joghurt mit 2–3 EL Honig süßen und 1/4 TL Orangenblüten-Wasser (auch mehr) zufügen. Mit Minze garnieren.

GRANATAPFEL
3 EL frischen oder konservierten Granatapfelsaft (Grenadine) in verdünnten Joghurt geben. Falls erforderlich, mit Honig süßen. Dieser Drink hat eine zartrosa Farbe.

DATTELN
6 frische oder getrocknete, eingeweichte Datteln entsteint zu verdünntem Joghurt geben. Mixen und, falls gewünscht, mit Dattelsirup süßen.

TRAUBEN
Verdünnten Joghurt mit frischen Trauben oder mit einer Mischung aus frischen Trauben und Traubenhonig süßen.

JOHANNISBROT
Einen EL Carobmehl (Johannisbrot) mit wenig Wasser mengen. 1/2 EL Honig zufügen und mit verdünntem Joghurt in den Mixer geben.

Joghurt-Kümmel-Soße

300 ml Vollmilchjoghurt
1 TL Kümmel
Salz nach Geschmack

Der Geschmack dieser einfachen, pikanten Soße wird noch verbessert, wenn der Kümmel geröstet und zerstoßen wird. Kümmel in eine gußeiserne Pfanne streuen. Erhitzen, bis er duftet und geröstet ist. In einer kleinen Mühle mahlen, den Joghurt zufügen und mit Salz würzen. Schmeckt gut zu Gemüse und Fleisch.

Joghurtsuppe mit Rosinen

2 gehackte, hartgekochte Eier
175 g Rosinen, 5 Minuten in 600 ml kaltem Wasser eingeweicht
1,2 ltr Joghurt
1 EL Essig
220 ml Milch
450 g gewürfelte Gurken
125 g gehackte Frühlingszwiebeln
1 TL Salz
125 g Mandelblätter (nach Belieben)
2 EL Petersilie, fein gehackt (nach Belieben)
2 EL Dill, fein gehackt (nach Belieben)

Eier, Rosinen, kaltes Wasser, Joghurt, Essig, Milch, Gurke, Zwiebeln und Salz in eine große Schüssel geben, miteinander vermengen und mindestens 2 Stunden in den Kühlschrank stellen. Die Suppe schmeckt aber auch warm: dazu alle Zutaten erhitzen aber nicht kochen, heiß servieren. Mit Kräutern und Mandelblättern nach Geschmack servieren. Dazu passen Matzen, Zwiebeln, Oliven, Orangensalat und als Dessert Ashurey (siehe Seite 82).

Kichererbsen-Joghurt-Suppe mit Kräutern

Rüben, Senf und Rettich waren die gängigen Gemüsesorten der Patriarchen. Auch Spinat, aus Persien eingeführt, war zur Zeit Jesu rund um das Mittelmeer bekannt. Der Einfachheit halber wurde für das nachfolgende Rezept gewürztes Kichererbsenmehl verwendet. Unter dem Namen „Falafel-Mix" ist es im Handel erhältlich. Aus ihm werden Pastetchen, die sogenannten „Falafel", gebacken. Sie sind ein bekannter Fleischersatz und in Reformhäusern und Delikatessgeschäften erhältlich.

1,4 ltr Wasser
175 g (1/4 cup) Falafel-Mix*
500 g Rübenblätter oder Spinat (frisch oder tiefgefroren), blanchiert und abgetropft
2 EL Essig oder Zitronensaft
1 TL schwarzer Pfeffer
3 EL Olivenöl oder frisch gepreßtes Sesamöl
1 TL Kümmel

Falafel-Mix oder Kichererbsenmehl mit 150 ml Wasser anrühren. Getrennt davon das restliche Wasser unter den Joghurt schlagen, bis eine schaumige Creme entsteht. Das Joghurtgemisch langsam unter die Kichererbsenmasse rühren. In einen schweren Topf geben und bei mittlerer Hitze kochen. Gemüse, Pfeffer und Essig oder Zitrone zufügen. Im geschlossenen Topf etwa 1 Stunde köcheln lassen, dabei häufig umrühren. Falls notwendig, Wasser beifügen – die Suppe wird ziemlich dick. In einer kleinen Pfanne Öl erhitzen und Kümmel rösten, bis er duftet. Zur Suppe geben. Heiß über Graupen oder Hirse gießen oder als kalte Suppe servieren.

**Falls der Falafel-Mix nicht erhältlich ist, können Sie ihn selbst herstellen. Wie Kichererbsenmehl gemacht wird, lesen Sie auf Seite 30 unter „Linsen-Pfannkuchen".*

FALAFEL-MIX

175 g Kichererbsenmehl
1 TL gemahlener Kümmel
1 TL gemahlener Koriander

½ TL Gelbwurz (Kurkuma)
¼ TL Ingwerpulver
½ TL Knoblauchpulver
3 EL Petersilie, Dill oder Minze, fein gehackt
5 EL geröstete oder gefriergetrocknete Zwiebeln (nach Belieben)
1 Prise Safran
Schwarzer Pfeffer

Persische Joghurt-Suppe mit Fleischbällchen

Nach der Überlieferung hielt Königin Ester die jüdischen Speisevorschriften so strikt ein, daß sie ausschließlich Getreide und Gemüse aß. Nur als sie für König Ahasveros einige Festgelage gab, um ihn zu bitten, ihr Volk zu verschonen, ließ sie persische Gerichte auftragen, wie auch diese hochherrschaftliche Suppe.

SUPPE

900 ml Joghurt
50 g gekochte Hirse oder Reis
1 geschlagenes Ei
2 EL Vollkorn-Weizenmehl
1 TL Salz
½ TL Pfeffer
1 TL getrockneter Dill oder 2 TL frischer Dill
900 ml Wasser
50 g gehackte Petersilie
125 g gekochte Kichererbsen (aus der Dose)
125 g fein gehackter Schnittlauch

FLEISCHBÄLLCHEN

225 g Hackfleisch vom Rind, Lamm oder Kalb
1 kleine Zwiebel, fein gehackt
½ TL Salz
½ TL Pfeffer

WARME KNOBLAUCHBUTTER
(nach Belieben)

2 Knoblauchzehen
125 g zerlassene Butter
1 EL getrocknete oder 2 EL frische Minze

In einer Pfanne Joghurt, Hirse oder Reis, Ei, Mehl und Gewürze miteinander vermengen. Mit Wasser verrühren. Bei geringer Hitze eine halbe Stunde kochen lassen, gelegentlich umrühren.

Für die Fleischbällchen Fleisch, Zwiebel, Salz und Pfeffer in einer Schüssel miteinander vermengen. Kleine Bällchen formen und zwischen den Handballen rollen.

Beginnt die Suppe zu dicken, Petersilie, Kichererbsen, Schnittlauch und Fleischbällchen zufügen. Nochmals 30 Minuten ziehen lassen, dabei hin und wieder umrühren.

Für die Knoblauchbutter die Knoblauchzehen fein hacken und kurz in der zerlassenen Butter anbraten. Minze hinzufügen und gut umrühren. Bei Tisch einen Löffel Knoblauchbutter zu jeder Portion Suppe geben.

Mit Vollkornbort und Haroseth (siehe Seite 86) servieren.

Persische Joghurt-Suppe mit Fleischbällchen

Getreide und Hülsenfrüchte

„... ein Land, darin Weizen, Gerste, Weinstöcke, Feigenbäume und Granatäpfel wachsen, ein Land, darin es Ölbäume und Honig gibt ..."
5. Mose 8,8

Getreide und Hülsenfrüchte waren die täglichen Grundnahrungsmittel der Menschen im Heiligen Land. Die wilden Gräser, aus denen Gerste und Weizen gezüchtet wurden, wachsen auch heute noch auf den sonnigen Hügeln Israels wie vor vielen tausend Jahren. Mit der Kultivierung des Getreides begann die Nutzung einfacher Technologien: Pflüge und Hacken wurden zur Feldbestellung gebraucht, Gefäße zur Vorratswirtschaft und Mühlsteine zum Kornmahlen. Man kann sagen: Das war der Beginn der Zivilisation; denn auf diese Weise entwickelte die Menschheit eine ständige Produktion und einen Austausch von Nahrungsmitteln und festigte dadurch die Gemeinschaft untereinander. Die Nachbarländer des Heiligen Landes, Mesopotamien und Ägypten, besaßen ein einzigartiges Netz von Kanälen und Flüssen, die zur Bewässerung der Felder dienten. So wurden sie zu wahren Getreide-Imperien.

Die Bewässerungsmethoden der alten Welt sind bis heute kaum geändert worden. Mesopotamien, der heutige Irak, war einst die fruchtbarste Kornkammer der Welt. Das ausgedehnte Bewässerungsnetz bedurfte einer sorgfältigen Wartung, damit die Wasserläufe nicht verschlickten.
Erst durch eine Reihe von Kriegen, die die Zentralverwaltung der Getreideindustrie zerstörten und die Bevölkerung zerstreuten, verschlechterte sich das Bewässerungssystem. Diese Region ist seither nie wieder so fruchtbar geworden wie damals.

Getreide zu jeder Mahlzeit
Die Menschen im Altertum aßen zu jeder Mahlzeit Getreide in irgendeiner Form: frisch gemahlen, gekocht und gebacken, eingeweicht und geröstet, zu Bier verarbeitet oder zu Puddings, Kuchen und Eintöpfen. Getreide ließ man keimen, es wurde zerstoßen, getrocknet und zerquetscht. Brot allerdings war Luxus und kein alltägliches Nahrungsmittel im Altertum.
Es war zu arbeits- und zeitaufwendig, das Korn zu zerstoßen, zu mahlen und zu sieben, um Mehl zu gewinnen. Jahrhunderte vergingen, bevor feines Mehl handelsüblich und erschwinglich wurde. Bis dahin aß die Durchschnittsfamilie viele Arten von Getreidebrei, Getreidesuppen und Salaten mit gerösteten Körnern.

Auf den israelischen Märkten findet man ein reiches Angebot an Getreide und Hülsenfrüchten

Der Segen Gottes
Die Menschen in der Bibel beurteilten eine reiche Ernte als Segen Gottes und fürchteten eine Hungersnot als Gottes Zorn. Von daher war die rasche Folge von Ernte und religiösen Festen kein Zufall, man sah darin einen geistlichen Rhythmus. Riten, die Getreide miteinbezogen, gehörten zu den Feiertagen. Die Gerstenernte fiel in die ersten Frühlingstage, ins Passahfest. Sieben Wochen später wurde Weizen geerntet – zu Pfingsten. Als Dankopfer wurden Weizengarben auf den Altar gelegt. Der Einklang von Gottesverehrung und Nahrungserzeugung war Grundlage des antiken Denkens. Nichts in der Natur war planlos und zufällig.

Zur Zeit Jesu wurde der Getreidehandel weitgehend vom Römischen Reich betrieben. Weizen war das bevorzugte Korn für den Handel, denn Gerste ist schwerer und von daher schwieriger zu transportieren. Darum ging der Gersteanbau zurück, obwohl sich das harte Saatgut besonders für magere Böden eignet und dort eine regelmäßige Ernte gewährleistet. Auch Hirse wurde zur Zeit Jesu in Südeuropa reichlich angebaut. Aber sie erreichte im Heiligen Land nie die Bedeutung von Gerste oder Weizen. (Sie wird nur einmal in der Bibel als Zutat zum Hesekiel-Brot genannt.)

Erbsen und Bohnen
Die Hülsenfrüchte Bohnen und Erbsen kommen in der Bibel oft im Zusammenhang mit Getreide vor. Sie wurden zur damaligen Zeit häufig mit Getreide auf den Tisch gebracht. Bohnen und Erbsen gehören zu den wenigen Gemüsesorten, die in der Bibel besonders genannt werden. Das unterstreicht ihre Bedeutung als hervorragende pflanzliche Eiweißträger und Nahrungsmittel. Bei den berühmten Ausgrabungen von Jarmo im Nordirak und in den ägyptischen Gräbern bei Theben wurden versteinerte Bohnen gefunden. Bohnen gehören auch zu den Nahrungsmitteln, die zum Passahfest verboten sind, denn man vermutete in ihnen – wie beim Getreide – ein Treibmittel. Ägyptische Priester mußten besonders komplizierte Vorschriften beim Verzehr von Linsen, Erbsen, Saubohnen und Kichererbsen beachten; trotzdem wurden ägyptische Könige oft mit einem Vorrat an Bohnen in ihren Grabkammern bestattet.

Grundrezept für Gerste

„Diese sechs Maß Gerste gab er mir; denn er sagte: Du sollst nicht mit leeren Händen zu deiner Schwiegermutter kommen."
Ruth 3,17

Gerste gehört zu den härtesten Getreidesorten der Welt und wird heute vorwiegend zum Bierbrauen verwendet. Ihr Ursprungsland ist Palästina, sie gedeiht aber auch im kalten Klima, auf Bergen und in unfruchtbaren Böden. Man findet sie in den unterschiedlichsten Regionen der ganzen Welt wie Schottland, dem Himalaja und Korea. Gerste war lange für ihre leichte Verdaulichkeit bekannt. Anstelle von Perlgraupen wählen Sie besser die dunkleren Getreidesorten, die sie im allgemeinen in Reformhäusern erhalten. Geschälte oder enthülste Gerste kocht allerdings schneller und schmeckt besser als ungeschälte. Hirse und Gerste werden oft geröstet, bevor kochendes Wasser hinzukommt (siehe unten). Nach alten Kochrezepten wurde aus gerösteter Gerste eine braune Würze, ähnlich wie Soja-Soße, hergestellt.

250 g enthülste Gerste (wird als Graupen verkauft)
900 ml Wasser
1 Prise Salz

Graupen waschen und in einem mittleren Kochtopf mit Wasser und Salz zum Kochen bringen. Eine Stunde ungestört sieden lassen. Graupen quellen auf die dreifache Menge auf. Mit Butter oder Bratensoße anstelle von Reis servieren.

Ergibt ca. 800 g gekochte Graupen

Gerstenwasser

Dieser alte Trank soll zu einem glatten Teint verhelfen und Faltenbildung verhindern. Auf alle Fälle ist er ein nahrhaftes Getränk.

225 g Gerste
2,4 ltr Wasser
125 g Honig (auch mehr)
1 Prise Salz

Die Gerste waschen und in einem Suppentopf mit Wasser und Salz zum Kochen bringen. Mindestens 2 Stunden, höchstens 24 Stunden, köcheln lassen. Verdunstetes Wasser nachfüllen, so daß etwa 1,4 ltr Wasser im Topf bleiben. Je länger die Gerste kocht, um so dicker wird die Brühe. Die Gerste durchsieben und zur Seite stellen. Das Gerstenwasser mit Honig abschmecken. Kühl servieren.

Grundrezept für Hirse

„Nimm dir aber Weizen, Gerste, Bohnen, Linsen, Hirse..."
Hesekiel 4,9

Vollkorn-Hirse ist ein hartes, ballaststoffreiches Getreide und in Reformhäusern und Naturkostläden erhältlich. Wie Gerste eignet sich Hirse wegen ihres zu geringen Kleberanteils nicht zum Brotbacken. Allerdings gart Hirse in 20 bis 40 Minuten. Gerste dagegen braucht 1 Stunde zum Garwerden und Weizenkörner 4 bis 6 Stunden. Das bedeutete früher eine enorme Holzersparnis. Hirse, die aus Afrika stammt, wurde zu Beginn des Christentums in weiten Gebieten des Römischen Reiches angebaut. Ihre kurze Popularität erlosch mit dem Bekanntwerden von Reis, eine weniger nahrhafte Neuheit, die aus dem Orient über Persien importiert wurde.

175 g geschälte Hirse
450–600 ml kochendes Wasser oder Brühe
2 TL Öl
1/4 TL Salz

Die Hirse waschen. In den Topf mit dem kochenden Wasser oder der kochenden Brühe und dem Öl geben und bei geringer Hitze 20 Minuten zugedeckt kochen. Salzen und weitere 20 Minuten stehen lassen, damit die Hirse quillt. Alternativ die Hirse in dem Öl in einer großen, schweren Pfanne rösten, bis sie leicht braun wird. Kochende Flüssigkeit zufügen und wie oben verfahren. Für bißfeste Hirse die geringere Wassermenge nehmen; für weiche Hirse die volle Menge.

Ergibt ca. 675 g gekochte Hirse

Grundrezept für gekochten Weizen

Weizen ist die Nummer eins unter den Getreidesorten. Durch seinen hohen Kleber-(Gluten)-Anteil eignet er sich vorzüglich zum Backen. Die leichte, frische und lockere Beschaffenheit, die wir an gutem Brot und Kuchen lieben, ist mit anderen Mehlsorten einfach nicht zu erreichen. Für die Menschen der Bibel wäre das weiße Mehl, das wir täglich in unseren Lebensmittelläden kaufen können, ein unvergleichlicher Luxusartikel gewesen.

Die ursprünglichen Weizensorten waren außerordentlich hart und brachten geringe, kleinkörnige Erträge. Bald erfanden die Menschen immer bessere Sieb- und Mahlverfahren, Techniken, die sich über viele Jahrhunderte entwickelt haben. Wenn Sie heute Weizenkörner zubereiten, werden Sie die besondere Beschaffenheit des Weizens kennenlernen. Auch der über Nacht eingeweichte Weizen braucht 4 bis 6 Stunden zum Kochen. In der Antike hing oft ein Topf Weizen 24 Stunden zum Weichen, Simmern oder gelegentlichen Kochen über der Feuerstelle. Die milchige, dickliche Kochflüssigkeit wurde regelmäßig abgeschöpft und ersetzt. Man brauchte sie für Puddings, Getreidebreie, Soßen und Getränke.

225 g Weizenkörner (über Nacht eingeweicht)
1 1/2 ltr Wasser
1 Prise Salz

In einem großen, geschlossenen Topf Weizenkörner, Wasser und Salz zum Kochen bringen und 4 bis 6 Stunden brodeln lassen bzw. simmern, bis die Körner weich sind. Falls erforderlich, Wasser nachgießen.

Ergibt 625 g gekochte Weizenkörner.

Spelt oder Dinkel, eine alte Weizensorte, wird bei uns zunehmend bekannter und ist in Reform- und Naturkostläden erhältlich. Dinkel kocht schneller als Weizen, muß nicht eingeweicht werden, hat viel Ballaststoffe und einen angenehmen Nußgeschmack.

225 g Dinkel
670 ml Wasser

In einem geschlossenen Topf Dinkel zum Kochen bringen und ca. 1 1/2 Stunden köcheln, bis das Wasser aufgesogen ist. Danach 10 Minuten ruhen lassen.

Ergibt 675 g gekochten Dinkel

Grundrezept für Bulgur und Tabbouleh

„Und sie setzte sich zur Seite der Schnitter. Er aber legte ihr geröstete Körner vor, und sie aß und wurde satt und ließ noch übrig."
Ruth 2,14

Bulgur und auch Tabbouleh ist im Grunde Weizen, der bereits gekocht, getrocknet und gekörnt ist. Es gibt drei Körnungen: fein, mittel und grob. Vorbehandelter Weizen wird schnell weich. Man muß nur kochendes Wasser über das Granulat geben und quellen lassen. Die grobe Körnung eventuell kurz aufkochen.

Die übrigen Getreidesorten – selbst Bohnen – könnten auf diese Weise ebenfalls vorbehandelt werden. Allerdings sind solche Produkte im allgemeinen nur in Reformhäusern und Naturkostläden zu haben, während Bulgur (grobkörnig) und Tabbouleh (feinkörnig) auch hier und da in Supermärkten zu finden sind. Für die Köche zur Zeit der Bibel war diese Vorbehandlung des Weizens zwar zunächst sehr arbeitsaufwendig, führte aber letztlich doch zur Arbeitserleichterung, denn dieses Weizenprodukt war schnell gekocht und ließ sich besser aufbewahren als frischer Weizen. Bulgur enthält alle Ballaststoffe des ganzen Weizenkorns und hat nicht, wie die meisten präparierten Nahrungsmittel, moderne Verarbeitungsmethoden durchlaufen. Hier und da wird er auch „Dörrweizen" genannt.

225 g Bulgur

900 ml kochendes Wasser

Kochendes Wasser über Bulgur schütten und 30 Minuten ziehen lassen, bzw. so lange, bis der Weizen weich und flockig ist. Grobe Körnungen brauchen etwas länger. Falls erforderlich, abtropfen lassen.

Ergibt 600 bis 700 g tischfertigen Bulgur.

Hülsenfrüchte

„Da kam Esau vom Feld und war müde und sprach zu Jakob: Laß mich essen das rote Gericht . . ."
1. Mose 25,30

Getrocknete Hülsenfrüchte sind für uns ein Vermächtnis aus uralten Zeiten und wurden weder durch die Konservendose noch durch den Tiefkühlschrank verdrängt. Man aß sie geröstet als Imbiß, in Suppen, Eintöpfen, als Salat und Brotaufstrich. Kichererbsen sind, so weit uns bekannt ist, die ältesten Hülsenfrüchte. Dicke Bohnen oder Saubohnen sind bei uns nicht so geläufig, gehören aber im Mittleren Osten und im übrigen Europa schon lange auf den alltäglichen Speiseplan. Gängig ist auch die Bezeichnung Pferdebohnen.

Linsen haben den großen Vorteil, daß sie nicht eingeweicht werden müssen, weil sie recht dünn sind. Es gibt Linsen in verschiedenen Sorten: große, braune Linsen, die kleinen Standard-Linsen und die sogenannten *roten* Linsen, die schon Esau in Versuchung führten, die aber eigentlich orangefarben sind. Weiße Bohnen sind getrocknete Strauch- oder Stangenbohnen.

Gerösteter Weizen

Diese alte Methode ist schnell und einfach. Sie ergibt einen knusprigen, popcorn-ähnlichen Snack.

225 g behandelte Weizenkörner (in Naturkostläden als Amarant-Popcorn erhältlich)

1 EL Oliven-, Sesam- oder ein anderes neutrales Öl

Salz nach Geschmack

Eine kleine Menge Öl in eine große, schwere Bratpfanne mit Glasdeckel geben. Auf der Kochplatte erhitzen. Eine Handvoll trockene Weizenkörner hineingeben und die Pfanne häufig bewegen, damit die Körner gleichmäßig rösten und nicht kleben. Platzen die Körner auf, sind sie fertig, und die nächste Portion kann geröstet werden. Vor dem Servieren mit Salz bestreuen. Weizen-Berries springen zwar weniger als Popcorn, müssen aber auch ganz gar werden.

KOCHZEITEN FÜR 225 GRAMM HÜLSENFRÜCHTE

Hülsenfrucht	*Einweichwasser*	*Weichdauer*	*Kochwasser*	*Kochzeit*	*Ergebnis*
Kichererbsen	675–900 g	12–14 Std.	1,2 ltr	2–3 Std.	800 g
Saubohnen (ungeschält)	900 g	24–48 Std.	1,2 ltr	1 1/2 Std.	(575 g)
Limabohnen (anstelle von Saubohnen)	900 g	über Nacht	2 ltr	3/4 Std.	575 g
Linsen, große, braune	675 g	keine	900 ml	1 1/2 Std.	675 g
Linsen, kleine, braune	675 g	keine	900 ml	3/4 Std.	675 g
Linsen, rote	675 g	keine	900 ml	1/2 Std.	675 g
Erbsen	675 g	über Nacht	900 ml	1 1/2–2 Std.	450 g

Allgemeine Regeln für alle Hülsenfrüchte:
Möglichst das Einweichwasser mehrmals wechseln, das macht die Hülsenfrüchte bekömmlicher. Eine längere Einweichzeit erspart Kochzeit. Während des Kochens nie salzen, sonst werden die Hülsenfrüchte nicht weich. Im Einweichwasser zum Kochen bringen, Deckel auflegen und köcheln lassen. Erst nach dem Kochen mit Salz abschmecken. Die angegebenen Kochzeiten sind Zirka-Zeiten, darum zwischendurch prüfen, ob das Gericht gar ist. Obwohl Linsen im allgemeinen nicht eingeweicht werden müssen, gibt es unterschiedlich harte und große Sorten (besonders Linsen aus dem Reformhaus). Darum die Art der Linsen prüfen, eventuell einweichen und die Kochzeit, falls erforderlich, verlängern.

Weizen-Popcorn (oben links), einfacher Bulgur (rechts) und Bulgur-Pilaw (unten)

Bulgur-Pilaw

225 g Bulgur (für Pilaw eignet sich eine grobe Körnung)
1–3 TL Gewürze nach Belieben (Kümmel und Koriandersamen, fein gehackter Knoblauch, gemahlene Granatapfel-Kerne, getrockneter Thymian)
2 EL Butter
600 ml Wasser oder Brühe (vom Huhn, Rind, Lamm oder Gemüse)
Salz nach Geschmack
Petersilie
Korianderblätter

Korn und Gewürze in Butter drei Minuten anbraten. Wasser oder Brühe zufügen. Zum Kochen bringen. Topf schließen, Hitze verringern und 10 Minuten sieden lassen. Herdplatte abstellen und den Pilaw 15 Minuten ruhen lassen. Mit Salz abschmecken. Mit einer Gabel auflockern und mit Kräutern garnieren. Als Beilage zu Fleisch, Huhn oder Fisch servieren.

Gersten-Cremesuppe

„Es war aber die Zeit, da die Gerstenernte anging, als sie nach Betlehem kamen…“
Ruth 1,22

Ruth und Naomi nehmen für sich das alte Recht in Anspruch, das den Armen erlaubt, nach der Ernte Ähren zu lesen.

175 g Gerste
1,4 ltr Gemüse-, Rinder- oder Hühnerbrühe (evtl. Bouillon-Würfel)
150 ml Doppelrahm-Frischkäse
Salz nach Geschmack
50 g Sellerieblätter
frische Petersilie oder Korianderblätter

Gerste in warmem Wasser waschen und in 1,2 ltr Brühe mit den Sellerieblättern 2 1/2 Stunden kochen. Die gekochte Gerste von Hand zerdrücken. (Möglichst keinen Mixer oder Pürierstab benutzen, sonst kann die Creme klebrig werden.) Die verbliebene Brühe zufügen. Vor dem Servieren die Gerstencreme erhitzen und den Doppelrahm unterrühren. Mit Salz abschmecken. Mit Petersilie und Korianderblättern servieren.

Der Geschmack dieses Gerichts hängt von einer guten Brühe ab. Bouillonwürfel sind darum nur eine letzte Rettung, wenn keine frische Brühe vorhanden ist.

Gersten-Kräutersuppe

Siedendheiße Gersten-Kräutersuppe war für unsere Vorfahren ein Heilmittel bei Magenverstimmung, Fieber und einem Kater.

125 g Gerste
1,2 ltr Gemüse- oder Hühnerbrühe
1–4 EL frische oder getrocknete Kräuter (Thymian, Pennyroyal*, Petersilie, Sellerieblätter, Korianderblätter, Bohnenkraut, Kerbel, Minze)**
1 gehackte Zwiebel
3 EL gehackter Sellerie
2 EL Butter oder Öl
Salz nach Geschmack

Die Gerste waschen und mit der Brühe in einen Suppentopf geben. Kräuter zufügen und zum Kochen bringen, 5 Stunden lang leicht sieden lassen. Abschäumen. Falls erforderlich, Wasser nachfüllen. Zwiebeln und Sellerie in Butter anbraten und bräunen und zur Suppe geben. Mit Salz abschmecken und mit frischen Kräutern garnieren.

* *Pennyroyal enthält ein Öl, das zu Fehlgeburten führen kann.*
** *1 EL frische Kräuter = 1 TL getrocknete*

Gemüsesuppe mit Getreide

„Und nach den zehn Tagen sahen sie schöner und kräftiger aus als alle jungen Leute, die von des Königs Speise aßen.“
Daniel 1,8–16.

Als Daniel in babylonischer Gefangenschaft am Hof des Königs Nebukadnezar lebte, bat er um vegetarische Kost, damit er die reichhaltigen Mahlzeiten mit nicht-koscherem Fleisch umgehen konnte. Der königliche Kämmerer wollte zunächst die Verantwortung für diese spartanische Ernährung nicht übernehmen, denn er war gehalten, für ein gesundes, kräftiges Aussehen von Daniel und seinen drei jüdischen Freunden zu sorgen. Schließlich ließ er sich auf ein zehntägiges Experiment ein: die jungen Männer bekamen nur Gemüse zu essen.

4 EL Butter oder Pflanzenöl
4 kleingeschnittene Möhren
4 gehackte Zwiebeln
2 gehackte Pastinaken
2 gehackte Selleriestengel
2 1/2 ltr Brühe oder Wasser
225 g Gerste, Hirse oder Bulgur-Weizen
1 TL Salz
225 g rote Rübenblätter, Spinat oder rote Kopfsalat-Blätter
225 g gekochte Kichererbsen
gehackte Petersilie und/oder Koriander-Blätter

Das gehackte Gemüse in einem großen Suppentopf mit Butter oder Öl anbräunen, bis es leicht brodelt. Mit Wasser auffüllen. Gerste, Hirse oder Bulgur zugeben. Salzen. Mindestens 1 Stunde sieden lassen, bis das Korn weich ist. 10 Minuten vor Ablauf der Kochzeit Kichererbsen zugeben und das gewaschene Gemüse in die Suppe schneiden. Mit Petersilie und/oder Korianderblättern garnieren.

Kalter Hülsenfrucht-Getreide-Salat

„Ein Land, darin Weizen und Gerste wachsen…“
5. Mose 8,8

700 g frisch gekochte warme Graupen, Bulgur, Vollkornweizen oder Hirse (siehe Grundrezepte Seiten 21 und 22) oder
700 g frisch gekochte, warme Linsen, Kichererbsen oder Dicke Bohnen. Siehe Grundrezepte Seite 22)

SALAT
125 g Petersilie und/oder Korianderblätter, fein gehackt
1 Bund Frühlingszwiebeln, gehackt
2 Gurken, in Würfelchen
1 Fenchelknolle, geschnitten oder 4 Stengel Sellerie, gehackt

1 Bund Radieschen, fein geschnitten
125 g entsteinte schwarze Oliven
125 g helle Rosinen (Sultaninen oder Dattelstückchen)
3 hartgekochte Eier in Scheiben (nach Belieben)

DRESSING
1 Knoblauchzehe (nach Belieben)
1 gehäufter EL geriebener Meerrettich
1–2 TL Honig
2 EL frische Kräuter (Dill, Thymian, Oregano, Minze, Schnittlauch, Bohnenkraut und Kerbel)
1 EL Kümmel
150 g Olivenöl
75 ml Essig, herber Traubensaft oder Zitronensaft (nach Bedarf auch mehr)
Salz zum Abschmecken
zum Garnieren:
Mohn oder Sesam, zerbröselter Ziegenkäse, römischer Salat, frisch gehackter Koriander

Eine große Salatschüssel mit der angeschnittenen Knoblauchzehe ausreiben und in ihr das Dressing zubereiten. Senf, Honig, Kräuter und Gewürze mischen. Öl zufügen, dann Essig oder herben Traubensaft einträufeln. Die Mengen nach Belieben variieren. Mit Salz abschmecken. Warmes Getreide oder Hülsenfrüchte mit dem Dressing miteinander vermengen, abkühlen lassen. Salat-Zutaten hinzufügen und unterheben. Auf Wunsch kalt stellen. Mit Mohn oder Sesam, Ziegenkäse oder römischem Salat Romana garnieren. Dieser Salat ist eine vollständige Mahlzeit, eignet sich aber auch als Beilage und Snack.

Gersteneintopf mit Linsen

Für die Menschen in Palästina galten Getreide und Hülsenfrüchte als beste Lieferanten von Eiweiß, B-Vitaminen und Ballaststoffen. Die moderne Ernährungswissenschaft bestätigt den Gesundheitswert dieser Nahrungsmittel. Ein Grund mehr, das folgende Rezept auszuprobieren:

85 g gehackte Zwiebeln
125 g gehackter Sellerie
125 g geschnittene Möhren
5 EL Butter
1,4 ltr Wasser oder Brühe
225 g getrocknete Linsen, verlesen und gewaschen
125 g Gerste
1/8 TL Rosmarin
2 TL Salz
2 TL gemahlenen Kümmel
225 g Rübenblätter oder Spinat

Die gehackten Zwiebeln, Sellerie und Möhren in einem großen Topf mit Butter anbraten. Wasser oder Brühe, Linsen, Gerste, Rosmarin, Salz und Kümmel hinzufügen. Zum Kochen bringen, Kochplatte runterschalten und ca. 1 Stunde kochen, bis Linsen und Gerste weich sind. Abschöpfen, falls sich Schaum bildet. In den letzten 15 Minuten das Grünzeug mitkochen lassen.

Gersteneintopf mit Linsen

Tabbouleh-Salat

„Und als die Israeliten in Gilgal das Lager aufgeschlagen hatten, hielten sie Passah am vierzehnten Tage des Monats am Abend im Jordantal von Jericho und aßen vom Getreide des Landes am Tag nach dem Passah, nämlich ungesäuertes Brot und geröstete Körner."
Josua 5,10–11

225 g fein gekörnter Bulgur
900 ml kochendes Wasser
1 Bund Frühlingszwiebeln, fein gehackt
900 g gehackte Petersilie
4 EL Essig (ersatzweise Zitronensaft)
125 g geriebener Rettich
Salz nach Geschmack
3 EL Olivenöl
1 TL scharfer Senf
Blätter vom römischen Salat
50 g frische Pfefferminz-Blätter, fein gehackt (nach Belieben)

Bulgur in einer großen Schüssel mit kochendem Wasser bedecken. Etwa 30 Minuten einweichen. Den Weizen abtropfen lassen und mit allen anderen Zutaten – mit Ausnahme der Salatblätter – vermengen. Einige Stunden kaltstellen und durchziehen lassen oder über Nacht in den Kühlschrank stellen. Den fertigen Salat auf einer Platte anrichten und die Salatblätter um den Tabbouleh-Salat als Eß-Kellen herumlegen. Ein ausgezeichnetes Frühstücksgericht.

Esaus Linsengericht

Esaus Linsengericht ist in die Geschichte eingegangen, und bis heute sind in den Ländern der Bibel verschiedene Eintöpfe mit roten Linsen als ‚Esaus Linsengericht' bekannt. Esau ließ sich, wie sein Vater, allzu gern vom Duft eines gut zubereiteten Mahls verführen. Dadurch wurde der leichtsinnige Esau Opfer einer Intrige seines Bruders und seiner Mutter. (1. Mose 25 und 27)

1 gehackte Zwiebel
1 EL Olivenöl
1/2 TL gemahlener Kümmel
1/2 TL gemahlener Koriander
2 feingehackte Knoblauchzehen
900 ml Rindfleisch- oder Gemüsebrühe
225 g rote Linsen
225 g Spinat oder Sauerampferblätter, geschnitten (nach Belieben)
Salz nach Geschmack

Die gehackte Zwiebel in einem großen Bratentopf im Olivenöl mit Kümmel und Koriander anbraten. Anschließend den Knoblauch kurz mitbräunen. Linsen und Brühe zufügen. Gut umrühren und zum Kochen bringen. Herdplatte zurückstellen. 25–35 Minuten leicht kochen lassen, bis die Linsen weich sind. 5–10 Minuten vor dem Servieren Spinat in die Suppe geben. Mit Salz abschmecken. Für 6 Personen als Vorsuppe gedacht, als Hauptmahlzeit doppelte Menge nehmen.

Safran-Pilaw

„... Narde und Safran, Kalmus und Zimt, Myrrhe und Aloe, mit allen feinen Gewürzen."
Hoheslied 4, 1

Schale von einer ungespritzten Orange
600 ml kochendes Wasser
1 TL Safranfäden
2 EL warmes Wasser
3 EL Öl
1 mittlere Zwiebel, in Scheiben geschnitten
je 1/2 TL gemahlener Kümmel, gemahlener Koriander, gemahlener Zimt (auf Wunsch auch mehr Kümmel und Koriander)
50 g Pinienkerne
125 g helle Rosinen (Sultaninen) (nach Belieben)
150 ml Wasser (nur, falls Rosinen gewünscht sind)
175 g geschälte Hirse und 750 ml Wasser oder 225 g Graupen und 900 ml Wasser oder 225 g Bulgur und 900 ml Wasser

Einige Stunden vor dem Kochen die Safranfäden in warmes Wasser legen und ziehen lassen. Die Fäden werden weich und färben das Wasser rot. Kurz vor dem Kochen Schale der ungespritzten Orange in kleine Stücke schneiden. In einer Schüssel mit 300 ml kochendem Wasser überbrühen. 5 Minuten ziehen lassen, abschütten und wiederholen. Zur Seite stellen.

Die Zwiebel in einer Pfanne glasig braten. Kümmel, Koriander und Zimt zufügen und kurz mitbraten. Das Orangengewürz, die Pinienkerne und das trockene Korn zufügen. Anrösten und ständig rühren, bis die Körner glänzen. Bei Bedarf etwas Öl nachgießen. Dann mit dem kochenden Wasser auffüllen, das Safran-Wasser und die Rosinen (falls gewünscht) mit ihrer Extra-Flüssigkeit zufügen. Zum Kochen bringen, die Herdplatte herunterschalten, Deckel auflegen und wie folgt langsam kochen lassen:

Hirse: 40 Minuten, anschließend noch 15 Minuten im geschlossenen Topf ruhen lassen. Graupen: 1 Stunde. Bulgur: 1/2 Stunde, anschließend im geschlossenen Topf noch 15 Minuten ruhen lassen.

Die angegebenen Zeiten sind geschätzt. Also prüfen, ob das Getreide gar ist.

Getreide mit Ziegenkäse und Kichererbsen

„... irdene Gefäße, Weizen, Gerste, Mehl, geröstete Körner, Bohnen, Linsen, Honig, Butter, Kuh- und Schafskäse, um David und das Volk, das bei ihm war, zu stärken."
2. Samuel 17,28–29

150 ml Olivenöl
1 TL Senf
70 ml frischer Zitronensaft oder Essig
Salz und Pfeffer nach Geschmack
675 g eingeweichter Bulgur oder gekochte Graupen, Hirse oder Weizenkörner (siehe Grundrezepte Seiten 21 und 22)
125 g gehackte Petersilie
125 g frische Pfefferminz-Blätter (nach Belieben)
1 Bund Frühlingszwiebeln, kleingeschnitten
450 g gekochte Kichererbsen aus der Dose
125 g Feta-Käse in Würfel
2 EL gehackte schwarze Oliven
Salatblätter

Olivenöl, Senf und Essig oder Zitronensaft zu einem Dressing verrühren. In einer Salatschüssel Getreide, Petersilie, Minze, Frühlingszwiebeln, Kichererbsen, Käse und Oliven miteinander vermengen. Dressing zufügen. Mit Salz und Pfeffer würzen. Durchziehen lassen und möglichst über Nacht kühl stellen. Mit Salatblättern als Eßkellen anrichten. Dazu Trauben und ungesäuertes Gerstenbrot servieren.

Kichererbsen-Weizen-Suppe

Im alten Israel war dieses Gericht ein typisches Frühstück. Der herzhafte Brei wird traditionell am 13. Dezember, dem Tag der heiligen Lucia, gegessen.

125 g getrocknete Kichererbsen oder 225 g gekochte Kichererbsen aus der Dose

225 g Vollkorn-Weizen

1 Lorbeerblatt

1/4 TL Zimt (auf Wunsch mehr)

1–2 TL Salz

2,4 ltr Wasser

Honig nach Geschmack

Die getrockneten Kichererbsen und die Weizenkörner über Nacht in getrennten Gefäßen einweichen. Den eingeweichten Weizen mit einem Lorbeerblatt, Zimt, Salz und ca. 2,4 ltr Wasser in einen Suppentopf schütten. Aufkochen lassen und 2 Stunden leicht kochen. Die eingeweichten Kirchererbsen zufügen und 1 bis 2 Stunden weiter sieden lassen, bis der Weizen weich ist. (Kichererbsen aus der Dose können dem Weizen nach einer Kochzeit von 3 Stunden zugefügt werden.) Falls erforderlich, Wasser nachfüllen. Mit Honig gesüßt servieren.

Safran-Pilaw

Kibbeh – Hackfleisch vom Lamm mit Bulgur

„Und so sollen sie das Schaf mit dem Speisopfer und dem Öl alle Morgen opfern als tägliches Brandopfer."
Hesekiel 46,15

Kibbeh war jahrtausendelang der „Hamburger" des Heiligen Landes. Vollkorn-Bulgur verlängert das Fleisch nicht nur, sondern fügt ihm Ballaststoffe zu und macht den Kibbeh knusprig.

450 g Bulgur
1,4 ltr kochendes Wasser
500 g Hackfleisch vom Lamm oder Rind
2 TL Kümmel
1 sehr fein gehackte Zwiebel
Salz und Pfeffer nach Geschmack
Öl zum Braten

Bulgur in kochendem Wasser einweichen. Ca. 30 Minuten ruhen lassen, bis das Wasser aufgesogen ist. Überflüssiges Wasser mit der Hand oder einem Tuch ausdrücken. Mit Fleisch, Zwiebel und Gewürzen mischen.

Gebacken: Den Fleischteig auf einem geölten Backblech ausrollen und mit einem Messer diagonal einritzen, daß rautenförmige Portionen entstehen. Im Ofen bei 180 °C etwa 25 Minuten backen. Garprobe: mit einem Messer einstechen. Bleibt das Messer sauber, ist das Fleisch gar. Unter dem Grill die Oberfläche bräunen.

Gebraten: 1–2 geschlagene Eier zum Fleischteig geben und kleine runde Kuchen, wie Hamburger, oder fingerdicke Rechtecke formen. Etwa eine Stunde in den Kühlschrank stellen. In heißem Öl von allen Seiten schön knusprig braten.

Mit Vollkorn-Sauerteigbrot, Joghurt und Sesam-Soße, gegrilltem Porree und Frühlingszwiebeln, Salat und Rettich servieren.

Kibbeh, vegetarisch

Anstelle von Fleisch
125 g gekochte Linsen
70 ml Olivenöl
2 geschlagene Eier
zufügen und wie vor verfahren.

Frische Saubohnen mit Hackfleisch vom Lamm (Mefarka)

Mefarka ist eine Spezialität des Mittleren Ostens aus Hackfleisch, Bohnen und Gewürzen, besonders Kümmel. Sein Ursprungsland ist Palästina, aber es ist auch in Mexiko ein alltägliches Gericht.

1,5 kg frische Saubohnen mit Schoten oder 500 g gefrorene Saubohnen
2,4 ltr Wasser
2 EL Olivenöl
500 g Hackfleisch vom Lamm
1 TL getrockneter Thymian oder 2 TL frischer Thymian
1/2 TL Kümmel
1/2 TL Koriander
1/2 TL Zimt
1/2 TL getrocknete Minze oder 1 TL frische Minze
2 geschlagene Eier
2 TL Salz
1 EL schwarzer Kümmel (nach Belieben)

Die frischen Saubohnen auspellen. In einem großen Topf mit gelochten Deckel (oder mit nicht fest aufliegendem Deckel) die frischen oder gefrorenen Saubohnen mit 150 ml Wasser und 2 EL Olivenöl 30 Minuten bis eine Stunde langsam kochen, bis die Bohnen weich sind. Verdunstetes Wasser nachfüllen, aber mit nur wenig Wasser kochen. In einer großen Pfanne das Hackfleisch mit 300 ml Wasser 5 Minuten kochen. Wasser (und damit das überflüssige Fett) abgießen. Pfanne auf die Herdplatte zurückstellen und das Lammfleisch im verbleibenden Fett braten. Gewürze und Kräuter, bis auf den schwarzen Kümmel, mitrösten. Etwa 10 Minuten weiterbraten, bis das Hackfleisch trocken ist. Die gekochten Saubohnen zu dem gebratenen Hackfleisch geben. Die Eier unterrühren, bis sie fest geworden sind. Salzen und mit schwarzem Kümmel garnieren. Mit einem Salat aus Orangenspalten und frischen Pfefferminzblättern, Oliven und Käse sowie Vollkorn-Sauerteigbrot servieren.

Suppe aus drei Sorten von Hülsenfrüchten

1 große Zwiebel oder Porree, kleingeschnitten
1 zerdrückte Knoblauchzehe
2 Stengel Sellerie mit Blättern, fein geschnitten
1 EL Olivenöl
1/2 TL Kümmel
1/2 TL Koriander
1 Lorbeerblatt
1/2 TL Thymian
1 Bund gehackte Petersilie
125 g getrocknete Saubohnen 48 Stunden in Wasser eingeweicht
50 g getrocknete Kichererbsen, 24 Stunden in Wasser eingeweicht
1,8 ltr Wasser
50 g getrocknete Linsen
50 g Perlgraupen
Salz und Pfeffer nach Geschmack

Zwiebeln, Knoblauch und Sellerie in Olivenöl in einem großen Suppentopf anbraten. Kräuter (etwas Petersilie zum Garnieren zurücklassen) und Gewürze – außer Salz – zufügen und 5 Minuten weiterbraten. Saubohnen, Kichererbsen und Wasser zufügen. Eine Stunde kochen lassen. Perlgraupen und Linsen zufügen und eine weitere Stunde kochen, bis sie weich sind. Mit Petersilie bestreuen. Salzen und pfeffern. Diese Suppe kann heiß oder kalt gegessen werden. Sie hält sich gut und eignet sich zum Einfrieren.

Kibbeh (Hackfleisch vom Lamm mit Bulgur) mit gegrilltem Lauch und Frühlingszwiebeln

Traditioneller Sabbat-Eintopf

„Gedenke des Sabbattages, daß du ihn heiligest. Sechs Tage sollst du arbeiten und alle deine Werke tun. Aber am siebenten Tage ist der Sabbat des Herrn, deines Gottes. Da sollst du keine Arbeit tun, auch nicht dein Sohn, deine Tochter, dein Knecht, deine Magd, dein Vieh, auch nicht dein Fremdling, der in deiner Stadt lebt."
2. Mose 2,8–10

Das vierte Gebot verbot jede Arbeit am Sabbat, auch Kochen und Hausarbeit. Bevor am Sabbat die Sonne unterging, wurden Töpfe in die Asche des Sabbat-Feuers gestellt und dort über Nacht gelassen. So entstand ein herzhaftes Eintopfgericht für den Ruhetag. Berichte über diese Art zu kochen reichen bis in die Zeit des zweiten Tempels zurück, also etwa bis in die Zeit Jesu.

450 g getrocknete Saubohnen oder andere getrocknete weiße Bohnen
3 Zwiebeln, gewürfelt
1,5 kg Lammfleisch (Brust oder Unterkeule)
3 EL Olivenöl
2 TL gemahlener Kümmel
2 TL gemahlener Koriander
2 zerdrückte Knoblauchzehen
2 TL Salz
225 g Gerste
2 EL Vollkorn-Weizenmehl
1 TL Kapern
1 EL gehackte Oliven
2 EL Rosinen
1,8 ltr kochendes Wasser

Saubohnen 1–2 Tage einweichen. Getrocknete weiße Bohnen brauchen nur über Nacht eingeweicht werden. Zwiebeln bräunen und Fleisch in Olivenöl anbraten. Gewürze und Salz darüber streuen und braten, bis die Zwiebeln braun sind. Alle anderen Zutaten – außer Wasser – zufügen und unterrühren. So viel kochendes Wasser zugeben, daß die Zutaten ca. 2,5 cm mit Wasser bedeckt sind. Deckel leicht anheben. 24 Stunden in einem Elektroherd bei 120 °C, Gas 1/2 Stufe, oder 4 bis 5 Stunden bei 180 °C, backen. Mit frischen Früchten, Salat und Pistazien-Mandel-Plätzchen servieren.

Linsen-Pfannkuchen

„... es war dort ein Stück Acker mit Linsen ..."
2. Samuel 23,11

Auch Kichererbsen und Saubohnen lassen sich nach folgender Methode zu Mehl mahlen.

225 g Linsen
3 Eier
50 g Honig
Oliven oder Sesamöl

Linsen auf ein nicht gefettetes Backblech streuen und in einem geeigneten Ofen (Elektroherd bei 150 °C) 20 Minuten rösten. Die Linsen müssen knochentrocken sein und sich leicht mahlen lassen. Linsen in einer Nuß- oder Kaffeemühle mahlen oder im Mörser zu Mehl zerstoßen. Zur Seite stellen.

In einer großen Schüssel Eier aufschlagen. Honig zufügen und gut verrühren. Dann die gemahlenen Linsen zufügen und sorgfältig zu einem Ausbackteig verrühren. Öl in eine große Pfanne geben und Teig wie Pfannkuchen backen. Mit Tabbouleh-Salat, gedünstetem Gemüse oder auch süß mit Traubenhonig oder Dattelsirup anbieten.

Geröstete Kichererbsen

Kichererbsen gehören zu den ersten Hülsenfrüchten, die systematisch angebaut wurden, und stellten im alten Palästina ein Hauptnahrungsmittel dar. Im römischen Kaiserreich waren sie ein beliebter Straßenimbiß. Auf diese Weise behandelte Hülsenfrüchte sind ein schneller, gesunder Snack.

225–450 g getrocknete Kichererbsen
900 ml Wasser
Kümmel nach Geschmack
Salz nach Geschmack

Kichererbsen über Nacht in Wasser einweichen. Das Wasser möglichst einige Male wechseln. Am nächsten Tag Kichererbsen auf einer Platte in der Sonne trocknen oder im Elektroherd bei 120 °C. Eine große, schwere Bratpfanne auf Grillkohle oder einer Herdplatte vorheizen. Kichererbsen in die Pfanne geben. Die Pfanne oft hin- und herbewegen, damit die Kichererbsen gleichmäßig bräunen und nicht anbrennen. Ist eine Partie leicht gebräunt, (probieren, ob Kichererbsen gar sind), in eine Schüssel geben und mit Kümmel oder Salz bestreuen. Nach und nach die nächsten Partien bräunen. Die gerösteten Kirchererbsen schmecken kernig und ähneln im Geschmack und in der Konsistenz heißen Eßkastanien. Eingeweichte Kichererbsen können im Kühlschrank zum späteren Gebrauch aufbewahrt werden.

Brot

„Und die Dreschzeit soll reichen bis zur Weinernte, und die Weinernte soll reichen bis zur Zeit der Saat.“
3. Mose 26,5

Brot wird häufiger in der Bibel erwähnt als alle anderen Nahrungsmittel. Bei vielen Gelegenheiten berichtet die Bibel von Brüdern, die miteinander das Brot brachen, von Gott, der seinem Volk Brot gibt, und daß wir dem Ausländer Brot geben sollen. Jesus bezeichnet sich selbst als das *Brot des Lebens* (Johannes 6,35).

Ungesäuertes Brot
Die ersten Brote in der Bibel waren ungesäuerte Brote. Sie waren Pfannkuchen zu vergleichen, die, wenn sie abkühlen, zu Kräckern und Knäckebrot werden. Hauptsächlich wurde mit Gerstenmehl gebacken, denn Gerste wuchs im Heiligen Land im Überfluß. Gerste bringt im Vergleich zu Weizen einen höheren Ertrag und braucht weniger Wasser. Allerdings fehlt ihr das beim Weizen reichlich vorhandene Glutin (Kleber), das Gärung bewirkt und Hefe bildet. Neben Gerste wuchsen in Palästina zwei primitive Weizensorten – Emmer und Einkorn. Über viele Jahrhunderte wurde in Ägypten, Mesopotamien und Rom dieser ursprüngliche Weizen verbessert und gezüchtet, bis hin zum Weizen in seiner heutigen Form.

Gerstenbrote werden in der Bibel besonders genannt. Das Fest der ungesäuerten Brote war ein altes Gerstenerntefest, das später in das Passafest integriert wurde (3. Mose 23,6). In Richter 7,13 träumt Gideon von einem Laib Gerstenbrot, der durch das Feldlager eines bedrohlichen Feindes rollte und seine Zelte umstieß. Wenn Sie einige alte Reste von ungesäuertem Gerstenbrot haben, erscheint Ihnen diese Geschichte weniger unwahrscheinlich. Gerstenbrote und Fische wurden von Jesus und seinen Jüngern bei der Speisung der Fünftausend verteilt (Johannes 6,9–13).

Die jährlichen Überschwemmungen des Nildeltas machten einen regelmäßigen Weizenanbau möglich, und die Ägypter entwickelten Naturhefe, die sie zum Brotbacken und Bierbrauen verwendeten. Eine Mischung aus Weizenmehl und Wasser, die einige Tage an einem warmen Ort steht, bildet Enzyme. Daraus entwickeln sich Hefen, die den Brotteig aufgehen lassen. Wärme und Zeit sind die Hauptfaktoren, von denen der Erfolg abhängt. Sauerteigansatz oder Natursauerteig treibt Luft ins Brot. Daraus läßt sich ein leichterer, größerer Brotlaib herstellen als aus der gleichen Menge Mehl ohne Sauerteig.

Die Juden trauten diesem Gärungsprozess nicht ganz, den sie von ihren ägyptischen Herren gelernt hatten (2. Mose 12,15). Für sie galt das schwere, ungesäuerte Brot als rein und gesund; das leichte, lockere Brot war getrickst, ein Zeichen von Unehrlichkeit und Korruption. Diese Einstellung findet man noch in den frühen Schriften der Christen (1. Korinther 5,7 und Matthäus 16,6).

Den ungesäuerten Broten aus Weizen und Gerste, die mit den Schaubroten im Alten Testament im Zusammenhang stehen, blieb ihre Bedeutung im sakralen Bereich erhalten. Den meisten Bibellesern ist die Geschichte des Auszugs aus Ägypten bekannt. Die Juden flohen so überstürzt aus Ägypten, daß ihr Brot nicht mehr aufgehen konnte (2. Mose 12,34). Die zum Passafest gereichten Matzen erinnern an diese Nacht der Befreiung. Auf dem Titusbogen in Rom, der nach dem Fall von Jerusalem zu Ehren von Kaiser Titus erbaut wurde, ist die alte Vorliebe der Juden für ungesäuertes Brot in Stein dargestellt. Er zeigt, wie gefangene Israeliten gezwungen werden, ihre Schaubrote dem Kaiser als Tribut zu geben. Die heutige Abendmahlshostie ist auf die traditionellen Schaubrote der Juden zurückzuführen.

Erste Öfen
Die ersten Backöfen waren tragbare Zylinder aus Ton, die sich etwa mit überdimensionalen Krügen vergleichen lassen. Unten im Ofen wurde ein Feuer entzündet. Wenn es heruntergebrannt war, wurde die Asche ausgekehrt und das Brot in die Zylinder gelegt, damit sie in den heißen Tonwänden backen konnten. Diese Methode war schon recht hoch entwickelt im Vergleich zu der Zeit, da Brot auf flachen, heißen Steinen am Rand der Feuerstelle gebacken wurde. Gerade das Backen hat immer wieder dazu angereizt, die Technik zu verbessern und sich zu spezialisieren, denn in Ägypten wurde das Bäckerhandwerk im großen Stil lebensnotwendig, um die Arbeiter an Langzeitprojekten, wie dem Pyramidenbau, auf Dauer zu ernähren. In Mesopotamien gehörten die Bäckereien zu den Tempeln. Und auch der alte Staat Israel entwickelte ein weit verzweigtes, professionelles Bäckerhandwerk. Doch das Sabbatbrot wurde von nur einer Familie in Jerusalem gebacken.

Arabische Frauen backen in Nord-Israel Brot nach alter Tradition.

Herstellung von natursaurem Brot (Sauerteigbrot)

Sauerteig entsteht in drei Stufen, wobei Mehl und Wasser natürliche Hefen bilden. Diese Stufen heißen Anfrischsauer, Vorsauer und Vollsauer. Es dauert ein paar Tage, bis das Backen richtig losgehen kann, aber wenn das Brotbacken einmal organisiert ist, lassen sich Sauerteigbrot und -gebäck leicht herstellen.

Erster Schritt
Zunächst wird Anfrischsauer bereitet.
450 g Weizenvollkornmehl und 600 ml lauwarmes Wasser in einer Glas- oder Keramikschüssel mit dem Holzlöffel zu einem Brei verrühren. Zwei bis fünf Tage an einem warmen Platz offen stehen lassen und gelegentlich umrühren. Der Mehlbrei braucht Sauerstoff, damit unsichtbare Hefen aus der Luft in das Gemisch eindringen können. Die Hefen setzen Gase frei und verändern dadurch das Volumen und die Beschaffenheit des Mehlbreis. Der Ansatz ist fertig, wenn der Brei frisch gegoren riecht, sich Bläschen bilden und er klebriger als das Ausgangsgemisch ist. Mit diesem Sauerteigansatz kann man Brot und Kuchen zum Gehen bringen. Sollte sich der Mehlbrei orange oder blau verfärbt haben und übel riechen, ist der Anfrischsauer verdorben. Sofort wegwerfen, die Schüssel auswaschen und von neuem beginnen.

Zweiter Schritt
Beim zweiten Schritt wird Grundsauer hergestellt.
450 g Weizenvollkornmehl und 600 ml warmes Wasser dem Anfrischsauer zufügen und gut verrühren. (Bei speziellen Rezepten sind die Mengen zu erhöhen). Mit einem Tuch abdecken und 8–10 Stunden oder über Nacht an einem warmen Ort stehen lassen. Der Vorteig verdoppelt sich und sieht, wie der Anfrischsauer, klebrig aus. 225 g Grundsauer abnehmen und kühl stellen. Nach ein oder zwei Tagen wird aus dem zurückbehaltenen Grundsauer der Ansatz für den nächsten Brotteig.

Dritter Schritt
Beim dritten Schritt entsteht Vollsauer.
675 g Vollkornmehl (aus Weizen) und 300–600 ml Wasser unter den Grundsauer rühren, außerdem – je nach Rezept – Eier, Milch, Honig oder Öl. Diese Zutaten gut miteinander vermengen, und den Teig auf ein bemehltes Backbrett legen. Mindestens 10 Minuten kräftig durchkneten, dann den Sauerteig in die Schüssel zurücklegen. Mit einem Tuch abdecken und 2 bis 4 Stunden warm stellen. Der Sauerteig verdoppelt sein Volumen. Das nennt man „den Teig aufgehen lassen". Nach dem ersten Aufgehen den Sauerteig wieder auf das bemehlte Backbrett legen und Brotlaibe, Brötchen oder Kuchen formen. Nochmals ein bis zwei Stunden gehen lassen. Ein Sauerteigbrot backt im allgemeinen eine Stunde bei 180 °C. Bei höherer Temperatur wird die Kruste fester.

Es kommt auf die Temperatur in ihrer Küche an, wie lange Anfrischsauer, Grundsauer und Vollsauer zur Gärung brauchen. Die Zeiten können bis zu 24 Stunden differieren, darum sind die Angaben nur als Richtwerte zu sehen.
Wer den Sauerteig sehr sauer mag, muß Anfrischsauer, Grundsauer und Vollsauer länger gehen lassen.

Der Ansatz darf nie in einem fest verschlossenen Behälter aufbewahrt werden, denn die Gase können sich zu einer kleinen Explosion aufbauen. Sauerteigansatz kann im Kühlschrank aufbewahrt werden, muß aber einige Stunden vor Gebrauch Raumtemperatur annehmen. Sollte der Original-Ansatz nicht regelmäßig zum Brotbacken verwendet werden, wird er sehr sauer und muß wöchentlich mit 225 g Mehl und 300 ml warmem Wasser aufgefrischt werden.

Nach der alten Aufbewahrungsmethode wurde der Ansatz zu einem harten Klumpen getrocknet. Das ist immer noch die beste Aufbewahrung, wenn er einige Wochen nicht benutzt wird.
225 g Vorteig bei Raumtemperatur zu einem harten Klumpen eintrocknen lassen (Sonnenlicht beschleunigt den Vorgang). Dieser Trocken-Ansatz kann in drei bis zwölf Stunden wieder brauchbar gemacht werden: in Wasser legen und mit einem Teller unter Wasser halten.

Sauerteig-Gebäck wird nach demselben Prinzip wie alle fermentierten Produkte hergestellt. Joghurt, Wein und Penizillin werden auf die gleiche Weise produziert. Die gesunde, natürliche Hefe wird durch Wärme und regelmäßige, angemessene Nahrungszufuhr ernährt. Extreme Temperaturen wie Einfrieren und Backen verzögern und töten letztlich die Hefebildung. Darum darf nur warmes Wasser zugefügt werden, und auch alle übrigen Zutaten sollten Raumtemperatur haben. Die Sauerteighefen gehören in der Natur zu den widerstandsfähigsten Pilzen. Es gab Sauerteig-Ansätze, die 80 Jahre lang kontinuierlich in Gebrauch waren.

Saras Brot

„Abraham eilte in das Zelt zu Sara und sprach: Eile und menge drei Maß feinstes Mehl, knete und backe Kuchen."
1. Mose 18,6

Bei diesem Anlaß zur Gastfreundschaft kommt zum ersten Mal das Wort „backen" in der Bibel vor. Feinstes Mehl bedeutet Weizenmehl, nicht die gewöhnlichere Gerste, und drei Maß sind ca. 10,5 kg. Das heißt: Abraham veranlaßt, daß den Gästen die besten Vorräte angeboten werden. Die Patriarchen-Familie hatte zahlreiche Diener, Gefolgsleute, Verwandte und deren Kinder. Bei nur drei Gästen läßt die verschwenderische Menge Mehl darauf schließen, daß alle, die zum Haushalt gehörten, an dem Mahl teilnahmen.

400 g Weizenvollkornmehl
zusätzlich Mehl für das Backbrett
1 TL Salz
220 ml lauwarmes Wasser
Sesam- oder Pflanzenöl

Mehl und Salz durchsieben. Wasser zugießen und mit einem Holzlöffel zu einem weichen Teig verrühren. Auf ein mit Mehl bestreutes Backbrett geben und mindestens 10 Minuten kneten. Den Teig in eine Schüssel geben und mit einem feuchten Tuch abdecken. Ein bis drei Stunden warm stellen. Den Teig in 8 Stücke teilen und zu Kugeln formen. Jedes Stück auf dem Backbrett zu einem flachen Fladen von 15 cm Durchmesser ausrollen. Diese Fladen mit dem feuchten Tuch bedecken und 30 Minuten stehen lassen. Jeden Fladen getrennt in einer leicht geölten Bratpfanne backen, oder mehrere gleichzeitig bei 250 °C backen, bis sich die Enden aufrollen. Der Nostalgiker kann auch flache Steine oder geölte, unglasierte Dachziegel am Rand einer Feuerstelle oder auf einem Außengrill zum Backen benutzen. Die Kunst dabei ist, das Brot so nah wie möglich an die Glut heranzubringen, ohne es zu verbrennen.

Matzen, die ungesäuerten Brote

„Und sie backten aus dem rohen Teig, den sie aus Ägypten mitbrachten, ungesäuerte Brote; denn er war nicht gesäuert, weil sie aus Ägypten weggetrieben wurden und sich nicht länger aufhalten konnten und keine Wegzehrung zubereitet hatten …“
2. Mose 12,39

Ungesäuertes Brot gilt als „Leidensbrot“. Es ist das einzige Brot, das die Juden in der Passahwoche essen dürfen*. Es läßt sich leicht zubereiten, und viele Menschen finden es äußerst schmackhaft.

450 g Weizenvollkornmehl oder
225 g Weizenvollkornmehl und
225 g Gerstenvollkornmehl

220 ml Wasser

Mehl und Wasser sorgfältig mit dem Holzlöffel verrühren. Den Teig mit Mehl bestäuben. Hände bemehlen und den Teig drei Minuten leicht kneten. In 6 bis 8 Stücke teilen und mit den bemehlten Händen zu Kugeln formen. (Für Matzen kleinere Teigstücke nehmen.) Ein Backblech einölen und Kugeln darauf legen. Jede Kugel mit der Hand flach drücken, so daß Fladen mit einem Durchmesser von etwa 10 cm entstehen, oder mit dem Nudelholz ausrollen. Mit einer Gabel einstechen, damit sich keine Blasen bilden. 10 Minuten in einem vorgeheizten Backofen bei 250 °C, backen. Matzen aus dem Backofen nehmen und bald servieren, wenn sie weich gegessen werden sollen. Anderenfalls den Backofen abstellen und die Matzen im Ofen abkühlen lassen. Dann bekommen sie die Konsistenz von Knäckebrot und können sehr lange luftverschlossen aufgehoben werden. Mit Suppe und Käseaufstrich servieren.

** Der heutige Passahbrauch schreibt vor, innerhalb von 17 Minuten den Teig für die Matzen anzurühren, zu kneten und in den Ofen zu schieben.*

Gerstenfladen

„Gerstenfladen sollst du essen …“
Hesekiel 4,12

450 ml heiße Milch
1/4 TL Salz
3 EL Honig
675 g Gerstenmehl
175 g Rosinen
Öl zum Backen

Alle Zutaten miteinander vermengen, zu Kugeln formen und zu Fladen drücken. In heißem Öl 5 Minuten von jeder Seite backen oder 25 Minuten in einen auf 200 °C vorgeheizten Ofen schieben. Mit Ur, dem Kräuter-Butterkäse, servieren.

Matzen, das ungesäuerte Brot

Weizenvollkornbrot mit Sauerteig

Unser übliches Weizenvollkornbrot war für die Arbeiter zur Zeit der Bibel Luxus. Im allgemeinen mischte man damals das billigere Gerstenmehl mit Weizenmehl, wie in der Variante Weizenmischbrot. Das folgende Rezept gilt für Brotlaibe, Fladen, Brottaschen (Pitas) und Brötchen.

Am Abend vor dem Backtag Grundsauer anrühren:

225 g Sauerteigansatz
450 g Weizenvollkornmehl
600 ml warmes Wasser

In einer Holz- oder Plastikschüssel (kein Metall!) Grundsauer anrühren und über Nacht warmstellen. 225 g davon abnehmen und als Ansatz für das nächste Brotbacken kalt stellen. Am folgenden Tag den Sauerteig wie folgt zubereiten:

1,4 kg Weizenvollkornmehl und 225 g zum Kneten
600 ml warmes Wasser
2 TL Salz
2 EL Honig
2 EL Pflanzenöl
Sesam oder schwarzer Kümmel

Mehl, Wasser, Salz und Honig mit dem Grundsauer zu einem geschmeidigen Teig miteinander vermengen und auf ein bemehltes Backbrett legen. Mit bemehlten Händen 10 Minuten oder 300mal kneten. Mehl nach Bedarf zufügen. Der Teig soll fest und seine Oberfläche bemehlt sein. Beim Kneten mit einer Maschine nur 1,1 kg Mehl verwenden. Die Maschine so lange laufen lassen, bis sich ein Teigkloß formt. Den durchgekneteten Teig in eine Schüssel geben, die Oberfläche mit Pflanzenöl bestreichen und abdecken. Drei Stunden oder etwas länger warmstellen und gehen lassen.

Nochmals kurz durchkneten und in zwei Laibe teilen. Wieder zwei Stunden warmstellen. Die Oberfläche einritzen, damit die Brotlaibe beim Backen nicht reißen. Die Brotoberfläche gelegentlich mit Wasser bepinseln, damit sie feucht bleibt. Ofen auf 180 °C vorheizen und in etwa einer Stunde abbacken. Garprobe mit einem Messer machen. Messer einstechen und herausziehen. Das Brot ist gar, wenn das Messer trocken bleibt. Ist das Brot noch nicht fertig, nach 10 Minuten erneut prüfen. Das Brot vor dem Anschnitt mindestens 10 Minuten ruhen lassen.

UNTERSCHIEDLICH GEFORMTE BRÖTCHEN

Nachdem der Teig drei Stunden gegangen ist, kurz durchkneten und in 16 Stücke teilen. Schnecken oder Spiralen formen. Dazu aus dem Teig mit den Händen dünne Stränge rollen. Aus den Teigsträngen Zöpfe flechten, zu Schnecken spiralförmig aufrollen oder Teigenden zu kleinen Kreisen verbinden und Dreiecke formen. Auf ein Backblech legen und eine Stunde gehen lassen. Mit Sesam oder schwarzem Kümmel nach Belieben bestreuen. Im vorgeheizten Ofen bei 230 °C 10 bis 15 Minuten backen.

PITAS ODER BROTTASCHEN

Teig in 16 kleine Portionen teilen. Jedes Stück auf einer bemehlten Unterlage oder zwischen den Handballen zur Kugel formen. Mit einem Tuch bedecken und 10 bis 20 Minuten gehen lassen. Ofen auf 230 °C vorheizen. Mit einem Nudelholz Kugeln zu 3 bis 5 mm starken Talern rollen. Die runden Fladen müssen recht flach sein, um daraus Taschen zu machen. Auf nicht gefetteten Backblechen 10 Minuten abbacken.

BROT IM RÖMERTOPF

In früheren Zeiten wurde ein nasser Tontopf vom äußersten Ende des Feuers nach und nach in die heißen Kohlen geschoben, so daß der Ton nicht zerbrach. Ein kleiner Tontopf mit Deckel in der Größe von 15 bis 23 cm eignet sich gut für einen Brotlaib. Die Hälfte der oben genannten Zutaten zu Sauerteig verarbeiten. Den unteren Teil des Tontopfes 15 Minuten in Wasser setzen und vollsaugen lassen. Dann erst den Teig zum Brot formen und in dem Tontopf zum letzten Mal aufgehen lassen. Den Topf nicht fetten. 15 Minuten vor dem Backen den Tontopf in Wasser stellen. Deckel auflegen und in den kalten Ofen schieben, der sofort auf 240 °C eingestellt wird. 45 Minuten backen. Den Deckel in den letzten 10 Minuten entfernen, damit die Brotkruste knusprig braun wird. Mit einem Messer Garprobe machen. Bleibt das Messer sauber, ist das Brot fertig.

Weizenmischbrot

„Es kam aber ein Mann von Baal-Schalischa und brachte dem Mann Gottes Erstlingsbrot, nämlich zwanzig Gerstenbrote, und neues Getreide in seinem Kleid. Er aber sprach: „Gib's den Leuten, daß sie essen!"
2. Könige 4,42

Weizenvollkornbrot mit Sauerteig wie beschrieben vorbereiten, jedoch statt 1,4 kg Weizenmehl:

450 g Gerstenmehl und 900 g Weizenmehl
225 g Mehl von einer der Sorten zum Kneten

Dattel-Nuß-Brot

Jericho, berühmt für seine Datteln, wurde wegen der Dattelbäume *die Palmenstadt* genannt. Dieses altertümliche Rezept ist naturgemäß saftig und nahrhaft und braucht weder Milch noch Eier.

450 g Vorteig aus Natursauerteig (siehe Seite 32)
900 g Weizenvollkornmehl
600 ml warmes Wasser
450 g getrocknete Datteln, fein gehackt
1 TL Salz
2 EL Dattelsirup oder Honig
4 EL Pflanzenöl
50–125 g gehackte Walnüsse

Alle Zutaten mit dem Natursauerteig miteinander vermengen. Den Teig auf ein bemehltes Backbrett legen, 10 Minuten durchkneten. Nach Bedarf Mehl und Wasser zufügen, um die richtige Beschaffenheit des Sauerteigs zu erreichen. In zwei Brotlaibe teilen und auf ein geöltes Backblech legen. Die Brote warmstellen und leicht mit einem Tuch bedecken; zwei bis drei Stunden gehen lassen. Die Oberflächen mit einem Messer einritzen und die Brote mit warmem Wasser bepinseln. Eine Stunde bei 190 °C, backen. Die Oberflächen ein- bis zweimal während des Backens mit Wasser befeuchten, damit das Brot nicht austrocknet. Noch 10 Minuten im Ofen ruhen lassen. Dann herausholen. (Fortsetzung Seite 36)

Weizenvollkornbrot mit Sauerteig (oben) und Dattel-Nuß-Brot (unten)

Wie die meisten Sauerteig-Brote schmeckt das Dattel-Nuß-Brot ein bis zwei Tage nach dem Backen erst richtig gut. Dattel-Nuß-Brot mit einem milden Quark, Oliven und Pfefferminztee ist eine vollständige, leichte Mahlzeit.

Sauerteig-Feigen-Rolle

„... und gaben ihm ein Stück Feigenkuchen und zwei Rosinenkuchen. Und als er gegessen hatte, kam er wieder zu sich ...“
1. Samuel 30,12

600 ml warmes Wasser
450 g Grundsauer (siehe Seite 32)
450 g Weizenvollkornmehl zusätzlich etwas Mehl zum Kneten
1 TL Salz
3 TL Honig
1 TL Zimt
3 EL Pflanzenöl
225 g konservierte Feigen oder gehackte Trockenfeigen
50 g Sesam (nach Belieben)

Grundsauer mit warmem Wasser vermengen. Mehl, Salz, Honig, Zimt und Öl zufügen. Alles auf dem bemehlten Backbrett zu einem geschmeidigen, trockenen Teig verarbeiten. 10 Minuten kneten, hierbei, falls erforderlich, etwas Mehl und Wasser zufügen. Den Teig zu einem Quadrat oder Rechteck von ca. 15 mm Stärke mit bemehltem Nudelholz ausrollen. Die vorbereiteten Feigen auf dem ausgerollten Teig verteilen, mit Sesam bestreuen und aufrollen. Die Oberfläche der Teigrolle mit einem Messer einritzen, in eine gefettete Backform legen und, je nach Zimmertemperatur, ein bis drei Stunden gehen lassen. Die Oberfläche während des Aufgehens und Backens mit Wasser bepinseln. In einem vorgeheizten Ofen bei 180 °C eine Stunde backen.

Für Kleingebäck: Die Feigenrolle vor dem Aufgehen in dicke Scheiben schneiden. Diese Scheiben auf ein gefettetes Backblech legen und eine Stunde gehen lassen. Die Teilchen 20 Minuten in einem vorgeheizten Ofen bei 180 °C abbacken.

Sabbatbrot oder Challah

Zum Sabbat bereitete jede Familie zwei Brote vor in Erinnerung an die doppelte Portion Manna, die Gott in der Wüste am Tag vor dem Sabbat von den Kindern Israel sammeln ließ (2. Mose 16,22). Die Zubereitung der Sabbat-Brote ist recht aufwendig und wurde schließlich von Bäckereien übernommen.

5 Eier
1 EL Salz
125 g Honig
1,8 kg Weizenvollkornmehl und 225 g Mehl extra zum Kneten
150 ml Wasser
150 ml Pflanzenöl
675 g Grundsauer (siehe Seite 32)
2 EL gerösteter Sesam (nach Belieben)

Zunächst alle Zutaten Raumtemperatur annehmen lassen. In einer großen Schüssel 4 aufgeschlagene Eier, Salz, Honig, Mehl, Wasser und Öl sorgfältig miteinander verrühren, mit dem Grundsauer vermengen. Auf ein bemehltes Backbrett geben und 10 Minuten durchkneten. Teig in eine Schüssel legen, bedecken und an einem warmen Platz 3 bis 5 Stunden gehen lassen.

Den Teig wieder auf das bemehlte Backbrett legen und in zwei Teile teilen. Jedes Teil in 3 gleiche Stücke schneiden und die 6 Teig-Stücke zu ca. 30 cm langen Teigsträngen rollen. Die Stränge zu Zöpfen flechten und die Enden zusammendrükken. Auf ein geöltes Backblech legen und die Oberfläche einritzen.

Nochmals warmstellen und ca. 2 Stunden gehen lassen. Den Ofen auf 180 °C vorheizen. Das letzte Ei aufschlagen und die Oberfläche mit dem Eigelb bepinseln; mit Sesam bestreuen. 30 bis 40 Minuten backen. Den Ofen abschalten und die Brote noch 5 Minuten ruhen lassen. Anschließend auf einem Rost abkühlen lassen. Challah läßt sich einfrieren.

Die Zöpfe können auch zu einem Kreis gelegt werden. Oder Zöpfe aus vier Strängen statt aus drei flechten. Der vierte Strang ist schmaler als die anderen und liegt auf dem Brotlaib auf.

Aprikosen-Rosinenbrot aus Sauerteig

„Und als David ein wenig über die Höhe hinabgegangen war, siehe, da begegnete ihm Ziba, der Knecht Mefiboschets, mit einem Paar gesattelter Esel; darauf waren zweihundert Brote und hundert Rosinenkuchen und hundert frische Früchte und ein Schlauch Wein.“
2. Samuel 16,1

225 g Grundsauer (siehe Seite 32)
225 g Apfelmus
450 g Weizenvollkornmehl zusätzlich Mehl zum Kneten
1 TL Salz
2 EL Honig, Gerstenmalz oder Dattelsirup
1 1/2 EL Pflanzenöl
2 TL Zimt
125 g gehackte, frische oder getrocknete Aprikosen, mit Aprikosen-Nektar bedeckt
125 g Rosinen, mit Apfelsaft bedeckt

Zunächst alle Zutaten auf Raumtemperatur erwärmen und mit dem Vorteig miteinander vermengen. Auf dem bemehlten Backbrett mindestens 10 Minuten durchkneten. Einen Laib formen, die Oberfläche einritzen und mit Wasser bepinseln. Mindestens zwei Stunden warmstellen. Sollte der Laib seine Form verlieren, weil er zu stark aufgeht, erneut durchkneten und neu formen. Die Oberfläche mit Wasser bepinseln, um die Feuchtigkeit zu erhalten. Auch während des Backens ab und zu einpinseln. Im vorgeheizten Ofen bei 190 °C eine Stunde backen. Dieses Brot hält sich gut und schmeckt köstlich mit Aprikosen-Dickmilch oder als Zimt-Toast.

Gewürzbrot mit Karob (Johannisbrotmehl)

„Und sie setzten sich nieder, um zu essen. Indessen hoben sie ihre Augen auf und sahen eine Karawane von Ismaelitern kommen von Gilead mit ihren Kamelen; die trugen kostbares Harz, Balsam und Myrrhe und zogen hinab nach Ägypten."
1. Mose 37,25

675 g Grundsauer (siehe Seite 32)
675 g Weizenvollkornmehl
125 g Karobmehl (vom Johannisbrotbaum)
2 EL Pflanzenöl
2 TL Zimt
4 EL Honig oder Dattel-Syrup
1 TL Anissamen
1 TL gemahlener schwarzer Pfeffer
1 Prise Kümmel
2 EL gerösteter Sesam
1 EL Mohn
300 ml Joghurt
warmes Wasser

Alle Zutaten zu einem Teig miteinander vermengen und mindestens 10 Minuten durchkneten. Zwei Brotlaibe formen und auf ein geöltes Backblech legen. Drei Stunden gehen lassen, falls nötig, nachformen. Karob muß bei niedriger Temperatur gebacken werden, damit er nicht anbrennt. In einem vorgeheizten Ofen bei 150 °C in zwei Stunden abbacken. Eine flache Schüssel warmes Wasser mit in den Ofen stellen. Brote nach dem Backen noch 10 Minuten im Ofen lassen.

Zwiebel-Krüstchen

Dieses herzhafte Brot wurde – wenn auch nicht ausschließlich – traditionell zum Fest nach der Beschneidung eines Jungen serviert. Die Beschneidung ist das Bundeszeichen zwischen Gott und Abraham. (1. Mose 17,10)

225 g Grundsauer (siehe Seite 32)
900–1000 g Weizenvollkornmehl
300 ml warmes Wasser
1 EL Honig
3 EL Pflanzenöl
2 Eier
900 g gehackte Zwiebeln
1 EL Pflanzenöl
Salz und Pfeffer nach Geschmack
1 EL Mohn (nach Belieben)

Die ersten 6 Zutaten zu einem geschmeidigen Teig verarbeiten. Den Teig auf einem bemehlten Backbrett durchkneten. Teig in die Schüssel zurücklegen, abdecken und zwei Stunden zum Gehen warmstellen, bis er seine Größe verdoppelt hat.

Inzwischen Zwiebeln in Pflanzenöl goldbraun anbraten. Von der Herdplatte nehmen und Salz, Pfeffer und Mohn hinzugeben.

Den aufgegangenen Teig in vier Stücke teilen. Jedes Stück auf einem bemehlten Brett zu einem flachen Rechteck ausrollen; mit den angebratenen Zwiebeln bestreuen. Die Kanten an verschiedenen Stellen mit

Zwiebel-Krüstchen

einer Gabel einstechen. Auf einem geölten Backblech bei 180 °C 35 bis 40 Minuten im vorgeheizten Ofen backen. Wenn die Brotkruste goldbraun und die Zwiebeln karamelfarbig sind, frisch aus dem Ofen servieren.

Das Brot der Essener

„Befeuchte deinen Weizen, daß der Wasserengel hineinkommen kann …"
Essener Friedensbotschaft

Die Essener waren eine asketische Gemeinschaft, die die frühe christliche Kirche stark beeinflußt hat. Sie waren Experten im Backen von Brot mit Keimlingen, eine Technik, die dem Brot einen süßen, frischen, kuchenähnlichen Geschmack verleiht, ohne daß Honig, Eier oder Öl zugefügt werden. Dieses Rezept gehört zu den Manuskripten, die in den Schriftrollen am Toten Meer gefunden wurden.

1,4 kg keimfähige Weizenkörner (aus dem Reformhaus oder Bioladen)
2,8 ltr Wasser
125 g Rosinen (nach Belieben)
125 g Mandeln oder Walnüsse (nach Belieben)

Hierzu benötigt man ein großes Keimgerät aus dem Reformhaus oder verschiedene große Gefäße sowie Leintücher oder saubere Metallsiebe. Die Gefäße sollten mindestens 1,2 ltr fassen können.

350 g Weizenkörner und 750 ml Wasser in jedes Gefäß geben. Das Gefäß mit einem Tuch oder Haarsieb abdecken. Beides sollte 3 bis 5 cm größer sein als die Gefäßöffnung. Tuch oder Haarsieb fest mit einem Gummiband oder einer Kordel über das Gefäß spannen. Die Körner über Nacht im Wasser lassen und morgens durch das Tuch oder Sieb abgießen.

Nach 8 Stunden den Weizen mit Wasser berieseln und sofort abschütten, ohne die Abdeckung zu entfernen. Zwei bis vier Tage lang 2- oder 3 mal täglich die Weizenkeime begießen und abgießen. Die Keime werden unterschiedlich lang. Wenn sie etwa so lang wie das Korn sind, können sie verarbeitet werden. 450 g Korn ergeben ca. 900 g Keime.

Mit dem Pürierstab oder dem Fleischwolf die Keime zu einer weichen, klebrigen Masse pürieren. Jeweils 450 g ca. 3 Minuten zerkleinern. Mit dem Pürierstab wird der Teig zunächst sehr weich, dann klumpig. Genau beobachten. Sobald sich ein Klumpen bildet, Pürierstab abschalten, ihn aus der Schüssel nehmen und Nüsse oder Rosinen nach Wunsch untermengen. Zu zwei oder mehreren runden Brotlaiben formen. Auf ein gut geöltes Backblech legen. Abdecken und eine Stunde ruhen lassen.

1 1/2 bis 2 Stunden bei 150 °C oder 3 bis 4 Stunden bei 120 °C backen. Einige Bäcker meinen, daß die längere Backzeit bei niedrigerer Temperatur die Frische der Weizenkeime besser erhält. Weitere 30 Minuten Backzeit lassen die Kruste braun werden. Dieses Brot hält sich lange und schmeckt besser, wenn man es erst ein oder zwei Tage nach dem Backen anschneidet.

Hesekiels Brot

„Nimm dir aber Weizen, Gerste, Bohnen, Linsen, Hirse und Spelt und tu alles in ein Gefäß und mache dir Brot daraus …"
Hesekiel 4,9

Hesekiel-Brot gehört zu den wenigen Rezepten in der Heiligen Schrift, die genauere Angaben enthalten. Der Bibelleser wird feststellen, daß dieses Brot nicht als Delikatesse für freudige Anlässe gedacht war. Es war vielmehr eine Überlebensration zur Vorbereitung auf die schreckliche Not bei der Eroberung durch die Babylonier. Das folgende Rezept enthält alle in Hesekiel 4,9 beschriebenen Zutaten bis auf Spelt (Dinkel), eine alte Getreideart, die jetzt wieder neu auf den Markt kommt.

Es wird vermutet, daß die Zutaten vor der Verarbeitung gekeimt waren.

175 g harte Winterweizenkörner oder Dinkel (Spelt)
25 g Kichererbsen
50 g Linsen
25 g Hirse
25 g Gerste

Die fünf Getreidesorten und Hülsenfrüchte in fünf verschiedenen Gefäßen nach den Anweisungen des Rezepts der Essener keimen lassen. Mit der Gerste beginnen, Linsen und Hirse vier Tage vor dem Backen ankeimen lassen, dann erst die Weizenkörner ansetzen und am nächsten Tag die Kichererbsen zum Keimen bringen. Wenn die Keime fertig sind, nach den Anweisungen des Rezepts der Essener zerkleinern. Den Teig zu fünf bis sechs einzelnen Broten formen. Auf einem geölten Backblech zwei Stunden in einem vorgeheizten Ofen bei 110 °C backen. Zuvor die Oberflächen mit Wasser bepinseln, damit die sie nicht austrocknen. Wenden und nochmals 1 1/2 Stunden bei 130 °C backen. Warm servieren.

Fleisch

„Du sollst das Böcklein nicht kochen in seiner Mutter Milch."
2. Mose 23,19; 5. Mose 14,21

„... Ihr sollt auch kein Blut essen, weder vom Vieh noch von Vögeln, überall, wo ihr wohnt."
3. Mose 7,26

Fleisch war für die frühen israelitischen Hirtenstämme ein besonderes Nahrungsmittel. Wie in der Heiligen Schrift beschrieben, verehrten die Juden ihren Gott mit der Zubereitung von Fleisch. In den ersten Büchern der Bibel werden die an Gott gerichteten Bitten durch die rituelle Zubereitung von Opfertieren geheiligt. Nach der Sintflut flehte Noah mit dem lieblichen Wohlgeruch seines Brandopfers Gott um Erbarmen wegen der Bosheit der Menschen an (3. Mose 8,22–36). Auch Dank wurde auf diese Weise gezeigt. Mit der Darbringung von gegrilltem Fleisch bat man um Vergebung von Sünden. Zu den religiösen Festen, wie zum Passahfest, Ostern, Pfingsten und Sukkoth wurden ganze Tiere gebraten. Die Gott dargebrachten Opfer wurden anschließend verzehrt, obwohl einige Teile des Tieres, wie Fett, nicht mitgegessen werden durften.

Das gemästete Kalb
Auch Freude, besonders die Freude über Gäste, wurde durch das Braten von Fleisch zum Ausdruck gebracht; so in der Geschichte von den Engeln Gottes, die Abraham besuchten (1. Mose 18,2–9), und dem Gleichnis vom verlorenen Sohn, für den das gemästete Kalb (Lukas 15,23) geschlachtet wurde.

Die Juden stellten hohe Anforderungen an die Sauberkeit und Behandlung der Tiere. Man ging davon aus, daß Tiere die gleiche von Gott empfangene Lebensflamme in sich trügen wie der Mensch. Diese Flamme war in ihrem Blut, und das durfte deshalb nicht verspeist werden. Die Tiere wurden von den Priestern auf Fehler untersucht und verworfen, wenn sie als nicht makellos beurteilt wurden. Diese Verordnungen sind im 3. Buch Mose niedergeschrieben und unter der Bezeichnung „koscher" bekannt. Sie finden ihren Ursprung in dem uralten Respekt vor dem Leben, der die Juden – und später auch die Christen – von ihren heidnischen Nachbarn unterschied. Diese Reinheitsgesetze werden bis heute von vielen Juden befolgt.

Nahrungsmittelvorschriften
Diese strengen Regeln festigten die Gemeinschaft der Juden untereinander. Die Juden konnten aufgrund ihrer Speisevorschriften im Alltag kaum mit ihren Nachbarn gesellschaftlich verkehren und noch viel weniger bei Festen, wo es häufig Schweine, Kamele, Kaninchen und Krabben zu essen gab, die den Juden verboten sind.

Viele der Nahrungsmittelgesetze, wie die regelmäßige Fleischbeschau und das Verbot, an Krankheit gestorbene Tiere zu essen, scheinen uns heute vernünftig. Andere, wie das Verbot Kamelfleisch zu essen, schränkte den Lebensstil der Juden erheblich ein. Weil Kamele für sie als unrein galten, konnten sie außerdem nicht mit ihnen durch die Wüsten, die ihr Land umgaben, ziehen und Handel treiben.

Jesus und die Speisevorschriften
Zur Zeit Jesu wurden diese „alten" Nahrungsvorschriften geändert. Viele Juden waren der Ansicht, daß der Tempel, und später die Synagoge, nicht der geeignete Ort für den Umgang mit Fleisch sei. Schließlich wurden diese Arbeitsbereiche ausgelagert und unter die juristische Verantwortung einer religiös geschulten Autorität, die „Schächter", gestellt, die ihre Tätigkeit fortan beruflich ausübten. Von größter Wichtigkeit blieb die Forderung, daß dem Tier kein unnötiger Schmerz zugefügt werden darf.

Jesus hebt die Reinheitsbeschränkungen für seine Jünger in Markus 7,19 auf und erklärt jedes Nahrungsmittel als rein. Als später Jungbekehrte in die Gemeinden strömten, überlegten die Jünger, welche Nahrungsvorschriften von den Christen, die dem jüdischen Glaubensbekenntnis fernstanden, einzuhalten seien. Das Jerusalemer Konzil hielt weiterhin gewisse Beschränkungen im Umgang mit Blut und in der Behandlung von Tieren aufrecht. (Apostelgeschichte 15,20). Der alte Glaube, daß Blut Leben bedeutet, wurde im Abendmahlssakrament der christlichen Kirche verankert.

Durch die Perser, Griechen und Römer kamen neue Gewürze und Pflanzen ins Land, und dadurch wurde die Küche der Menschen im Heiligen Land reicher und vielfältiger. In diesem Kapitel lassen wir einige Fleischgerichte aus der Zeit der ersten Christen, beeinflußt durch die Römer, wieder aufleben.

Ein Schäfer weidet seine Herde auf den Hügeln bei Bethlehem

Kalb mit Mandel-Dickmilch-Soße

Von der Gastfreundschaft Abrahams gegenüber den von Gott geschickten Engeln wird in 1. Mose 18,2–8 berichtet. Bei diesem Festmahl beschenkt Gott Abraham. Er und Sara sollen trotz ihres hohen Alters ein Kind bekommen, das Kind, das Sara so sehr ersehnt hatte. Zu diesem Zeitpunkt gab es für die Juden noch keine Vorschrift, Milch und Fleisch getrennt zu essen. Kalbfleisch in dicker Sahnesoße ist im Mittleren Osten noch immer wie vor vielen tausend Jahren ein Festessen.

50 g frisch geröstete Mandeln
je 1 1/2 TL Kümmel- und Koriandersamen
1/4 TL Salz
2 TL Ingwer, fein gerieben
1 oder 2 Knoblauchzehen
2 TL Honig
1 kg Kalbfleisch (aus der Oberschale, in Würfel geschnitten)
2 EL Öl oder Butter
1 mittelgroße Zwiebel in Scheiben
1 EL abgeriebene Apfelsinen- oder Zitronenschale
2 Zimtstangen
150 ml Wermut oder dünne Kalbsbrühe
300 ml Sahne oder Vollmilchjoghurt

Mandeln mit Kümmel, Koriander, Salz, Ingwer, Knoblauch und Honig im Mixer, mit dem Pürierstab oder mit der Hand im Mörser zu einem Brei verrühren. (Beim Mixer bereits einige EL Wermut oder Brühe zufügen.) Das Fleisch in Öl oder Butter in einer großen Pfanne anbraten, aus der Pfanne nehmen und zur Seite stellen. In dem gleichen Fett die Zwiebel bräunen. Die Mandel-Gewürz-Paste zu den gebräunten Zwiebeln geben und leicht anbraten. Wasser zugeben, damit nichts anbrennt. Die abgeriebene Apfelsinen- oder Zitronenschale, Zimtstangen und Brühe oder Wermut zufügen und 10 Minuten sieden lassen. Die Fleischstücke in die Pfanne zurückgeben und bei niedriger Temperatur ca. 15 Minuten, bzw. bis das Fleisch gar ist, brutzeln lassen. Sahne oder Joghurt zugeben und vorsichtig erwärmen. Nicht kochen, sonst gerinnt die Soße. Soße stets heiß halten. Mit heißem Weizenvollkornbrot, Graupen und Salat servieren. Als Dessert süße Hirsekugeln.

Rebekkas Feinschmecker-Eintopf

„Da sprach Rebekka zu Jakob, ihrem Sohn: Siehe, ich habe deinen Vater mit Esau, deinem Bruder reden hören: Bringe mir ein Wildbret und mache mir ein Essen, daß ich esse und dich segne vor dem Herrn, ehe ich sterbe. So höre nun, mein Sohn, auf mich und tu, was ich dich heiße. Geh hin zu der Herde und hole mir zwei gute Böcklein, daß ich deinem Vater ein Essen davon mache, wie er's gerne hat."
1. Mose 27,6–9

Fleisch wurde üblicherweise als Eintopf zubereitet, und unsere Ur-Mütter wußten, wie man es anstellt, daß das Fleisch von einem Nutztier nicht von dem herzhaften Geschmack des Wildbrets zu unterscheiden ist. Nachfolgend eine Auswahl von Eintöpfen mit den Zutaten der damaligen Zeit.

Lammragout mit Feigen und Wein

1,5 kg Lamm, Ziege oder Wild in Würfel geschnitten
3 EL Olivenöl
2 oder 3 Knoblauchzehen
1/2 l Rotwein
300 ml Wasser
2 TL scharfer Senf
2 TL gemahlener Koriander
2 TL gemahlener Kümmel
225 g getrocknete, halbierte Feigen (evtl. 225 g getrocknete Aprikosen)
Salz nach Geschmack

Das Fleisch von Fett befreien. In einem Topf die Fleischwürfel mit Öl anbraten. Zerdrückte Knoblauchzehen zufügen, kurz bevor das Fleisch richtig angebraten ist, und noch 2–3 Minuten mitbräunen. Wein, Wasser, Senf, Gewürze und Feigen zugeben. Zum Kochen bringen und zugedeckt 90 Minuten schmoren lassen. Ziege und große Lammstücke brauchen zwei Stunden zum Garen. Mit Salz abschmecken und mit Graupen, Hirse oder Bulgur nach den Grundrezepten sowie Kresse-Salat und Rosinenkuchen servieren.

Feinschmecker-Ragout mit Linsen und Rosinen

Ilpas nannte man ein altes Kochgeschirr. Das Gefäß war breit und flach mit einem festsitzenden Deckel. Dieser hatte ein Loch, durch das der Dampf entweichen und Flüssigkeit nachgegossen werden konnte.

1 kg Lamm-, Rind- oder Kalbfleisch in Würfel geschnitten
2 EL Öl
1 mittelgroße Zwiebel, in Ringe geschnitten
1/2 TL gemahlener Ingwer
1/4 TL gemahlener Zimt
1 TL gemahlener Kümmel
1 1/2 ltr Lamm- oder Rinderbrühe (auch aus Bouillonwürfeln)
225 g Linsen
225 g Rosinen, über Nacht in 150 ml Wein oder Wasser eingeweicht
Salz und Pfeffer nach Geschmack
2 EL Honig (nach Belieben)
1 TL Orangenblütenwasser (nach Belieben)

In einem Topf Fleischwürfel in Öl anbraten. Zwiebelringe zufügen und rühren, bis die Zwiebeln braun sind. Gewürze und Brühe zugießen, 5 Minuten kochen lassen. Linsen hineingeben, Deckel auflegen und eine Stunde leicht kochen. Rosinen zufügen und zugedeckt 20 Minuten weiterköcheln lassen. Mit Salz und Pfeffer abschmecken. Falls ein süßlicher Geschmack bevorzugt wird, mit Honig süßen. Kurz vor dem Servieren Orangenblütenwasser einträufeln. Mit Graupen servieren, auch ein Zwiebel-Oliven-Orangensalat paßt dazu. Als Dessert: Feigenkuchen.

Lammragout mit Feigen und Wein

Shish Kebabs vom Lamm mit gerösteter Gerste und Gemüsestücken

Der Verzehr von Lammfleisch war für viele Menschen im fruchtbaren Morgenland mit einer geistlichen Bedeutung verbunden. Für die Juden war Lammfleisch eine große Delikatesse, für die Ägypter jedoch waren Milch und Wolle der Schafe so kostbar, daß sich daraus Tabus entwickelten und ein regelmäßiger Fleischgenuß untersagt war.

1 bis 1 1/2 kg Hammelfleisch
in Würfel geschnitten, ohne Fett

MARINADE

300 ml Rotwein
150 ml Olivenöl
1 Knoblauchzehe
3–4 Wacholderbeeren
2 Lorbeerblätter
150 ml Aprikosennektar
eine Prise Zimt
Salz nach Geschmack

GERÖSTETE GERSTE
450 g Gerste auf einem Backblech oder in einer flachen Pfanne im Ofen bei 180 °C rösten, bis die Körner leicht gebräunt sind. Gerste in einem Topf mit 750 ml Wasser und 1 EL Olivenöl zum Kochen bringen, Herdplatte runterschalten, Topf schließen und ca. 40 Minuten leicht kochen lassen, bis die Gerste weich ist. Damit die Gerste locker wird, nach dem Kochen ein Handtuch oder Papier zwischen Topf und Deckel legen. Noch 5 Minuten ruhen lassen.

GEMÜSE DES LANDES
ZU SHISH KEBABS

Perlzwiebeln, vorgekocht
dicke Stücke von weißen Rüben vorgekocht oder roh
Artischockenherzen
Brokkoliröschen
vorgekochte Lotuswurzeln in Stücken oder Wasser-Kastanien
Rettiche
blanchierte Pastinake in Stücken

ZUBEREITUNG VON SHISH KEBABS
Hammelstücke mindestens eine Stunde marinieren. Abgießen und Marinade aufheben. Das Gemüse einige Minuten in die Marinade legen, abgießen. Marinade wieder aufheben. Marinade auf dem Herd zum Kochen bringen, Hitze reduzieren und leicht kochen lassen. Hammelfleischstücke und Gemüse auf Spieße stecken. Über einem Holzkohlefeuer oder im Backofen bei 190 °C ca. 10 bis 15 Minuten grillen. Dabei mit Marinade bestreichen.

Die geröstete Gerste auf eine Platte häufen und Kebabs obenauf legen. Darüber die erhitzte Marinade schütten. Nach Geschmack salzen. Mit Salat von roten Äpfeln, dicken Bohnen oder Linsensalat reichen. Zum Nachtisch Karob-Honigkuchen.

Granatapfel-Walnuß-Lamm

(Siehe Granatapfel-Wallnuß-Ente, Seite 52)

Lammseite mit Mostrich-Soße

Lammseite ist heute, wie zu Salomos Zeiten, ein ausgewachsener Festtagsbraten. Er wird mit Mostrich und Senfkörnern in Traubengelee – einer Würze aus alten Tagen – serviert.

2 Lammseiten von je 1 kg
150 ml Olivenöl
Salz nach Geschmack

Lammseiten sollten bei einem Metzger gekauft werden, der die Knochen sauber auslösen kann. Die Knochen mit Pergament oder Folie während des Bratens bedeckt halten. Den Ofen auf 200 °C vorheizen. Die Seiten mit Olivenöl einreiben. Mit der Fleischseite nach oben in den Bratentopf legen und ca. 25 Minuten schmoren. Mit Mostrichsoße bepinseln und weitere 10 Minuten braten. Falls Sie ein Fleisch-Thermometer benutzen, sollte es nicht über 62 °C ansteigen. Mit Salz abschmecken. Mit Safran-Pilaw und Wasserkresse, Feigen in Rotwein und Sahne servieren. Pistazien-Mandel-Gebäck als Dessert.

MOSTRICH-SOSSE

150 g Vollkornsenf
300 g Traubenhonig, -gelee oder -marmelade
Frische Trauben (nach Belieben)

Senf und Traubenhonig oder -gelee in einem Topf vermischen und abschmecken. Frische Trauben zufügen und alles erwärmen, dabei häufig umrühren.

Lammkeule mit Kümmel, Senf und Hülsenfrüchten

225 g getrocknete Erbsen
125 g Kichererbsen
900 ml Wasser
125 g Linsen
1 Lammkeule, vom Fett befreit
2 TL gemahlener Kümmel
2 TL scharfer Senf oder 3 TL milder Senf
1 TL Salz
4 Knoblauchzehen, zerdrückt
70 ml Olivenöl
70 ml Wein oder Traubensaft
2 EL Weizenvollkornmehl

Hülsenfrüchte über Nacht einweichen und 1 1/2 Stunden im Einweichwasser kochen. Die Linsen jedoch erst nach der ersten Stunde zufügen. Während die Hülsenfrüchte kochen, Kümmel, Senf, Salz, Knoblauch, Öl, Wein oder Saft mit dem Mehl zu einem Brei verrühren. Die Keule mit der Paste einstreichen und mindestens eine Stunde ruhen lassen. Ofen auf 180 °C vorheizen. Lammkeule in einen Bratentopf legen und auf der unteren Schiene im Backofen eine Stunde braten. Den Ofen abstellen und die getrennt gekochten Hülsenfrüchte nun in den Bratentopf geben, damit der Bratensaft in die Hülsenfrüchte zieht. Eine halbe Stunde im warmen Ofen belassen. Danach den Ofen wieder auf 180 °C stellen und weitere 30 Minuten schmoren lassen (bei einer Keule von ca. 2,3 kg). Für jedes weitere Pfund 15 Minuten länger braten. Mit Sumerischer Wasserkresse, gebackenem Sellerie und Fenchel servieren. Pistazien-Mandel-Gebäck als Dessert reichen.

Lammkrone mit Granatapfel-Rosinen-Soße

„... ich habe Fleisch gebraten und gegessen ...“
Jesaja 44, 19

3–4 kg Lammkrone (vom Metzger zubereitet)
4 zerdrückte Knoblauchzehen
150 ml frischer Granatapfel-Saft (ersatzweise Traubensaft oder notfalls Apfelwein)
675 g Gerste oder Bulgur-Pilaw (siehe Seite 21 bis 24)

GRANATAPFEL-ROSINEN-SOSSE

2 EL Mandelöl
2 EL Weizenvollkornmehl
450 ml Granatapfelsaft (ersatzweise Traubensaft oder Apfelwein)
225 g kernlose Rosinen
1 TL abgeriebene Orangenschale
1 EL Weinbrand
1 TL milder Senf
Salz nach Geschmack

Soßenzubereitung: Öl und Mehl in einem Kochtopf breiig rühren. Obstsaft und Rosinen zufügen. Unter ständigem Rühren zum Kochen bringen. 10 Minuten sieden lassen. Die übrigen Zutaten hinzufügen und mindestens 20 Minuten leicht weiterkochen lassen.

Zubereitung der Lammkrone: Die gesäuberte Oberfläche mit zerdrückter Knoblauchzehe und frischem Granatapfelsaft abreiben. Die Knochen mit Alufolie abdecken. In einen auf 230 °C vorgeheizten Ofen schieben. Die Temperatur sofort auf 170 °C runterschalten und 17 bis 30 Minuten je 450 g braten (17 Minuten, wenn das Fleisch saftig bleiben soll, 30 Minuten, wenn es gut durchgebacken gewünscht wird). Wenn Sie ein Fleischthermometer besitzen: 62 °C braucht ein Saftbraten. 40 Minuten bevor der Braten fertig ist, die Krone mit gekochter Gerste oder Bulgur füllen. 10 Minuten vor Ende der Backzeit Braten mit Granatapfel-Rosinen-Soße glasieren und dann mit der übrigen warmen Soße servieren. Dazu passen gebackener Sellerie und Fenchel, eingelegte Oliven, frische Feigen und Traubensalat sowie Honigweinkuchen.

Lammkrone mit Granatapfel-Rosinen-Soße

Milchlamm vom Spieß

„Samuel nahm ein Milchlamm und opferte dem Herrn ein Brandopfer …“
1. Samuel 7,9

Für mindestens 20 Personen

Die Bibel berichtet von vielen Festen, zu deren Anlaß feierlich ein Milchlamm oder eine junge Ziege gebraten wurde. Zum Passahfest und zu Ostern, beides Frühlingsfeste, gehört traditionsgemäß ein geröstetes Lamm. Das Lamm ist in unserem Kulturkreis so eng mit dem Osterfest verbunden, daß zum Festtagstisch ein Osterlamm aus Kuchenteig, mit Puderzucker bestreut, gehört.

1 ganzes Milchlamm (ca. 12 kg) oder 450 g pro Person
4 ganze Knoblauchzwiebeln (ca. 30 Zehen)
4 EL Salz
5 EL gemahlener Koriander
5 EL Kümmel
1 Bund frischer Thymian
900 ml Olivenöl

Als Spießbraten: Das Tier zum Grillen vorbereiten. Mit Mörser und Stößel Knoblauch, Salz und einige Thymianzweige zerstoßen, mit Olivenöl vermischen. Lamm von innen und außen mit dem gewürzten Öl bestreichen. Anschließend mindestens 15 Minuten ruhen lassen. Den Spieß eines großen Außengrills durch das Lamm von der Brust zum Hinterteil stoßen. Die Beine festbinden. Grillspieß etwa 1 Meter über ein glühendes Holzkohlenfeuer hängen und drehen. Dabei alle 10 bis 15 Minuten mit dem Gewürzöl bepinseln. Der Braten muß sorgfältig beaufsichtigt werden, da Brandgefahr. Löschwasser bereitstellen.

Das Lamm nach 2 1/2 Stunden kosten. Nachfragen, wie die Gäste das Lamm wünschen, denn viele essen Lamm gern saftig bis roh. Je nach Größe sind 3 bis 3 1/2 Stunden die maximale Grillzeit. Die Oberfläche sollte knusprig und goldbraun aussehen. Das Lamm auf einem großen Tablett servieren.

Als Braten im Ofen: Das Lamm braucht einen extra großen Ofen. In den auf 230 °C vorgeheizten Ofen schieben. Sofort die Temperatur auf 180 °C zurückschalten. Am besten gelingt der Braten im Ofen mit einem Fleischthermometer (71–73 °C, falls es kurz gebraten, 79–82 °C, falls es gut durchgebraten gewünscht ist). Das Lamm mit einer Auswahl typisch israelischer Spezialitäten servieren: geriebener Rettich, Senfsoße, brauner Kümmel, schwarzer Kümmel, Korianderblätter und gerösteter Sesam, Pfefferminzessig und grobes Salz.

Das Gemästete Kalb (Ziege oder Lamm)

„… und bringt das Kalb her, das wir gemästet haben, und schlachtet's; laßt uns essen und fröhlich sein!“
Lukas 15,23

Für 20 bis 30 Personen

Wie der Evangelist Lukas berichtet, wurde bei der Heimkehr des Verlorenen Sohnes ein ganzes Tier geschlachtet. Schafe und Ziegen weideten zur Zeit der Bibel zusammen und galten mit den Kälbern als Kleinvieh. Junge Ziegen und Milchlämmer kommen heute zunehmend in den Handel. Die männlichen Tiere müssen sehr jung, d. h. unter vier Monaten alt sein, damit ihr Fleisch noch zart ist. Die Zubereitung von Ziege und Lamm ist fast gleich. Es gibt viele Möglichkeiten, ohne aufwendige Röstapparaturen ein ganzes Tier zu braten. Man kann zum Beispiel Grillmethoden anwenden, wie sie vor vielen hundert Jahren üblich waren:

1. Eine Grube ausheben, die etwas breiter und länger als das Tier ist (Tiefe 30 cm für ein kleines Tier und 45 bis 60 cm für ein größeres Tier). Eine zweite Grube ist hilfreich. Sie sollte mit der ersten verbunden sein und ist zum Anzünden und für die Kohle gedacht, die dann leicht bei Bedarf in die Hauptgrube geschoben werden kann.
2. Grüne Äste über die Feuergrube legen, die das Tier tragen, wenn der Braten, der 9 bis 18 kg schwer sein kann, mit kräftigem Besteck und Muskelkraft gewendet werden soll.
3. Die beste Methode ist der Spießbraten. (Zur Zeit Jesu hatte jedes Haus besondere Eisenstangen, die für diesen Zweck bestimmt waren. Ein langer Eisenspieß vervollständigte die Ausrüstung.) Zwei gegabelte Äste von etwa gleicher Höhe oder auch junge Bäume mit einer Gabel können benutzt werden. Jeder Ast muß wenigstens 30 cm tief in die Erde eingelassen werden, damit er tragfähig wird.
4. Der Spieß selbst ist besonders brauchbar, wenn er drei Bohrungen an den Stellen hat, wo Hinterteil, Mitte und Schultern des Tieres zu liegen kommen. Senkrechte Spieße werden an diesen Stellen durch das Tier gesteckt, damit der Körper fixiert ist. Auch eine Kurbel am Ende des Spießes ist hilfreich.
5. Das Tier wird vom Maul bis unter den Schwanz aufgespießt. Der Körper kann mit Draht befestigt werden.
6. Den Spieß regelmäßig drehen, wenn möglich ohne Unterbrechung. Das Tier während des Bratens mit Olivenöl bepinseln. Rosmarinzweige zu einem Büschel zusammenbinden und damit Olivenöl auf das Lamm oder die Ziege auftragen. Das Olivenöl mit zerdrücktem Knoblauch, Zwiebeln oder Schalotten und Koriander, Petersilie, Dill, Oregano, Selleriesamen, Fenchelsamen, Kapern, zerdrückten Wacholderbeeren, Kümmel und Minze nach Wunsch würzen.
7. Durch regelmäßiges Wenden und Einölen bildet sich eine schöne Kruste. Um diese Kruste noch zu verfeinern, einige EL Honig mit der letzten Ölschicht vermischen. Der erhitzte Honig karamelisiert und gibt eine herrlich braune Kruste. Auch Dattelsirup eignet sich dazu.
8. Als Garprobe den Oberschenkelknochen auslösen. Läßt sich der Knochen leicht bewegen, ist das Tier gar. Garzeit drei bis vier Stunden.
9. Ein ganzes Tier zu rösten braucht Zeit. Das Feuer sollte mindestens eine Stunde vor dem Braten angezündet werden. Aufgaben verteilen, damit jeder richtig mitmachen kann und beschäftigt ist. Wasser zur Hand haben, falls durch Funkenflug ein Brand entsteht. Mostrich, Linsensalat, Zwiebel-Oliven-Orangensalat und Honigkuchen dazu anbieten.

Milchlamm vom Spieß

Rehrücken mit scharfer Aprikosen-Soße

Ganze Rudel von Rehen, Rehböcken und Gazellen gehörten zu dem Viehbestand des Königs Salomo. Von einer routinemäßigen Jagd konnte die jüdische Küche nicht profitieren, da die Tiere lebend gefangen werden mußten, um sie nach den Vorschriften des 3. Buchs Mose schlachten zu können. In 1. Könige 4,23 steht, daß täglich ein Rehbraten für die königliche Tafel zubereitet wurde.

225 g Rinderschmalz oder Geflügelfett (von Hühnern, Gänsen, Enten) oder 300 ml Olivenöl

10–15 Knoblauchzehen in Scheiben

3–3,5 kg junger Rehrücken

frischer oder getrockneter Thymian, Majoran und Oregano

Ofen auf 250 °C vorheizen. Fett in einem Topf schmelzen und Knoblauchscheiben darin garen und zerdrücken. Wenn der Knoblauch weniger hervorschmecken soll, Rehrücken einritzen und die im Fett nur angebräunten Knoblauchstückchen in die Haut eindrücken. Den ganzen Braten mit dem restlichen Fett oder Öl einpinseln, mit Kräutern bestreuen und in den Ofen schieben. 10 Minuten backen, dann die Hitze auf 180 °C zurückstellen und 20 Minuten je 450 g Bratengewicht backen. Dabei häufig mit Fett und Bratensaft begießen. Als letzte Beize Aprikosen-Soße, damit die Kruste glänzend wird. Hierzu die Ofenhitze vorübergehend erhöhen. Die restliche Soße zur Seite stellen.

Ältere Tiere müssen vor dem Braten mariniert werden. Eine Marinade aus gleichen Teilen Olivenöl und Wein oder herbem Traubensaft mit zusätzlichen Kräutern herstellen. Rehrücken ist recht mager, darum zusätzliches Fett zu der Beize geben, falls die in Öl getränkten Knoblauchscheiben nicht benutzt werden. An deren Stelle eignen sich Streifen von Rinderfett oder Speckscheiben, die auf dem Rücken befestigt werden.

Rehrücken mit scharfer Aprikosen-Soße

SCHARFE APRIKOSEN-SOSSE

450 ml Sherry oder süßer Wein
1/4 TL Kümmel
1/4 TL Koriander
1 TL scharfer Senf
125 g Rosinen
125 g Mandelplättchen
125 g konservierte Aprikosen (möglichst ohne Zucker)
50 g Aprikosennektar
1 EL frisch geriebene Zitronenschale
2–3 EL Essig nach Geschmack
1 EL Honig (nach Belieben)
Salz nach Geschmack

Wein oder Sherry erhitzen und Kümmel, Koriander, Senf, Rosinen und Mandeln zufügen. 10 Minuten leicht kochen lassen, dann alle anderen Zutaten, bis auf das Salz, zufügen. Den süß-sauren Geschmack der Soße mit Essig oder Honig nach eigenem Geschmack ausbalancieren. Mit Salz abschmecken.

Den Rehrücken mit eingelegtem Fisch als Vorspeise, mit Hirse, in der Pfanne gedünsteten heimischen Gemüsesorten, ganzen gerösteten Zwiebeln, frischen Früchten und Honigweinkuchen servieren.

Römisches Rindergulasch mit Zwiebeln und Ingwer

Kedera ist die Bezeichnung für einen alten Bratentopf mit einem gerundeten Boden und zwei Griffen, ähnlich dem Wok. Der hebräische Name *kedera* bedeutet *schwarz,* weil der Topfboden vom ständigen Gebrauch schwarz war.

125 g fein geschnittene Zwiebelringe
1 EL gehackter Knoblauch
1 EL Pflanzenöl
1 kg Steakfleisch, gut entfettet, in mundgerechte Würfel geschnitten
1 kg Pilze in Scheiben
2 EL geriebener Ingwer
1 1/2 EL Fischsoße (siehe Seite 66)
1/2 EL Honig
1 1/2 EL Rotweinessig
125 g geschnittene Frühlingszwiebeln
2 EL fein gehackte Korianderblätter

Öl in einer Pfanne erhitzen und Zwiebelringe goldgelb braten. Knoblauch zufügen und kurz weiterbraten. Fleischwürfel in die Pfanne geben und umrühren. Ingwer zufügen. In einer kleinen Tasse Fischsoße, Honig und Essig mischen. Unter Rühren in die Pfanne geben und Deckel auflegen. 4–5 Minuten schmoren lassen, bei Bedarf Wasser nachfüllen. Frühlingszwiebeln und Koriander im letzten Moment unterrühren. Mit Graupen, Hirse oder Bulgur und Sauerteig-Feigengebäck servieren.

Koriander-Rinderbraten mit römischem Koriander-Dip

Nach 2. Mose 16,31 schmeckte das Manna wie Koriandersamen, eine im Heiligen Land beheimatete Pflanze. Die Blätter, Stengel, Samen und Wurzeln des Koriander sind genießbar. Koriander wird auch *cilantro* oder *Chinesische Petersilie* genannt.

3 zerdrückte Knoblauchzehen
3 EL milder Senf
2 EL gemahlener Koriandersamen
2 TL kleingeschnittene frische Koriander-Wurzel (nach Belieben)
1,5–2 kg Roastbeef
5 Selleriestengel (nach Belieben)

Knoblauch, Senf und Koriandersamen sowie -wurzel in einem Mörser oder Mixer zu einer Paste verarbeiten. Das Fleisch mit dem Brei bestreichen und bei Raumtemperatur eine Stunde ziehen lassen. Der Braten sollte vor seiner Präparierung Raumtemperatur haben. Die Fettseite des Bratens auf den Sellerie legen. Den Ofen auf 200 °C vorheizen und das Fleisch 10 Minuten rösten. Die Hitze auf 180 °C reduzieren und 15 Minuten je 450 g Bratengewicht garen, wenn das Fleisch saftig bleiben soll, 17 Minuten, wenn es halb- und 20 Minuten, wenn es gut durchgebraten gewünscht wird. Fleisch vor dem Anschnitt 10 Minuten ruhen lassen. Mit römischem Koriander-Dip, Gerstenpilaw und einem Kompott aus Feigen, Datteln, Birnen und Rosinen servieren. In Honig gebräunte Walnußkerne oder Zimtkäse als Dessert servieren.

RÖMISCHER KORIANDER-DIP

2 EL Fischsoße (siehe Seite 66)
2 EL Wasser
2 TL Essig
6 EL gehackte frische Korianderblätter
2 gehackte Frühlingszwiebeln

Alle Zutaten vermischen. Mindestens 10 Minuten durchziehen lassen. Dieser Dip schmeckt ausgezeichnet warm oder kalt zu jedem gegrillten und gebratenen Fleisch.

Geflügel

„... dafür brauchte man täglich ... Geflügel ...“
Nehemia 5,18

Im Heiligen Land war Geflügel ein alltägliches Nahrungsmittel. Jesus weist auf die vielen kleinen Vögel auf dem Marktplatz hin, ein Bild von Gottes Fürsorge für alle Geschöpfe (Lukas 12,6 und Matthäus 10,29). Im 3. Buch Mose wird gesagt, daß es jedem möglich war, aus Dankbarkeit eine Turteltaube oder eine andere Taube zu opfern (3. Mose 1,14 und 5,11). Außerdem aß man viele Wildvögel wie Rebhühner, Turteltauben, Perlhühner, Gänse, Enten, Wachteln und Spatzen. Für ihre Jagd gibt es zahlreiche Hinweise in der Bibel (Hiob 18,8–10; Amos 3,5; Psalm 91,3; 124,7).

Wasservögel gab es besonders zahlreich im Nildelta, wo die Juden 400 Jahre gelebt haben. Ein ägyptisches Bankett hatte sowohl unterschiedlich zubereitete Wildenten und -gänse als auch Hausgänse und -enten anzubieten. Dieses Geflügel kam in dem trockeneren Klima Israels weniger auf den Tisch und war Feiertagen vorbehalten.

Eine gefüllte Gans ist der traditionelle Festtagsschmaus zum Chanukkahfest. Später wurde in unserem Kulturkreis die Martinsgans zur Tradition.

Wachtelschwärme

Die Geschichte von den Wachtelschwärmen, durch die die Juden in der Wüste Sinai versorgt wurden (4. Mose 11,32; 2. Mose 16,13), deckt sich mit den heute noch zu beobachtenden Formationen der Wachteln bei ihrem Zug in warme Länder. Wenn es in Europa Winter ist, ziehen Scharen von Wachteln über das Heilige Land hinweg nach Süden. Springt der Wind um, landen oft Scharen von Wachteln in den Ebenen des Sinai.

Wann das Huhn in Israel eingeführt wurde, kann nicht mehr genau nachgewiesen werden. Es ist bekannt, daß Hühner schon von der Bevölkerung des Indus-Tals gehalten wurden. Zeichnungen in der Grabkammer des 1337 v. Chr. ermordeten ägyptischen Königs Tutenchamun zeigen einen typischen Haushahn.

Andere Quellen nehmen an, das Huhn sei einige hundert Jahre vor Christus über die persischen Handelsstraßen ins Land gebracht worden, eine Vermutung, die die Bibel bekräftigt. Im Alten Testament wird das Haushuhn nicht erwähnt. Aber es gibt drei Hinweise in den Evangelien (Matthäus 26,34; Lukas 13,34; 22,34 und Markus 14,30). Im achten Jahrhundert vor Christus war das Huhn bei den Assyrern als „der Vogel, der jeden Tag ein Ei legt“ bekannt. Bei den Römern war das Haushuhn so gut eingeführt, daß Mahlzeiten im allgemeinen mit einem Eierlauf oder -wettbewerb begannen, ein Brauch, der sich im Passahmahl wiederfindet.

Das Kochbuch des Römers Apicius enthält über 25 Geflügelrezepte. Die typischen Garmethoden für Geflügel waren damals wie heute Grillen, Kochen und Braten mit Kräutern und Gemüsen. Huhn in Sahne- oder Weinsoße und kalter Geflügelsalat waren alltägliche römische Gerichte. Zu einer Festtafel gehörten gebratener Flamingo, Strauß, Kranich und Pfau. Ein kleiner Vogel mit dem Namen „Feigenpicker“ war eine besondere Delikatesse. Sein Fleisch war so süß wie die Nahrung, die er aufnahm.

Eine Araberin verkauft Hühner auf dem traditionsreichen Markt von Beersheba in Südisrael

Huhn mit Salbei im Römertopf

Huhn mit Salbei im Römertopf

Für 4 Personen

Salbei wächst in den meisten Mittelmeerländern wild und wird seit jeher frisch oder getrocknet als Küchengewürz verwendet. Frisch geschnitten, gehört er zu den Salatkräutern. *Salvia judaica,* die Sorte, die in der Bibel vorkommt, gibt es bei uns nicht, aber unser Gartensalbei hat fast denselben Geschmack.

2 kg Huhn
2 EL Olivenöl
25 g Petersilie, fein gehackt
25 g gehackter Sellerie
1 EL getrockneter oder 3 EL frischer Salbei
3 Möhren in Scheiben
3 Rübchen in Scheiben
12 winzige Perlzwiebeln, gepellt
150 ml trockener Weißwein (nach Belieben)
Salz und Pfeffer zum Abschmecken

Den Römertopf 25 Minuten in kaltes Wasser stellen. Inzwischen das Huhn waschen, abtrocknen und mit Olivenöl einreiben. Die Haut außen und innen mit Petersilie und Salbei abreiben, dann salzen und pfeffern. Huhn in den Römertopf legen und das Gemüse im, um und auf dem Huhn verteilen. Nach Belieben Wein zufügen. Mit dem Deckel Römertopf verschließen und in den kalten Ofen schieben. Auf 230 °C aufheizen und 65 Minuten backen. Den Deckel abnehmen und das Huhn in den letzten 10 Minuten knusprig braten lassen. Vorher Gemüse vom Huhn entfernen. Das Huhn im Topf, dekoriert mit dem Gemüse, servieren. Graupen oder Hirse vervollständigen das Gericht.

Huhn gefüllt mit gerösteten Zwiebeln und Nüssen

Dieses Rezept für einen sehr schmackhaften Hühnerbraten wurde auf einer alten mesopotamischen Tontafel gefunden. Wie bei den meisten alten Rezepten fehlen exakte Mengenangaben. Darum haben wir herumexperimentiert, bis wir genaue Mengen herausfanden.

1 TL Koriandersamen
1 TL Fenchelsamen
1 TL brauner Kümmel
1/2 TL Selleriesamen
1 Wacholderbeere
1 EL getrocknete Granatapfelkerne (nach Belieben)
ein Hauch Zimt

8 große Zwiebeln, fein gehackt
3 EL Olivenöl
5 EL Mandeln
1 großes Huhn zum Braten
2 Pitas (Brottaschen) aus Weizenvollkornmehl
675 g Gerste (siehe Seite 21) oder Bulgur (siehe Seite 22)
Salz nach Geschmack

In einer sauberen Kaffeemühle oder einem Mörser Gewürze zu Pulver mahlen. Bereits gemahlene Gewürze können ersatzweise genommen werden, dann aber die Mengen etwas erhöhen. Ofen auf 180 °C vorheizen.

Zwiebeln in einer Pfanne mit 2 EL Olivenöl goldgelb anbraten, danach auf Küchenkrepp legen, damit das Fett aufgesaugt wird. In dem verbleibenden EL Öl die Nüsse rösten. Ebenfalls auf ein Papiertuch legen. Die gemahlenen Gewürze, Nüsse und Zwiebeln miteinander vermengen und das Huhn mit dieser Mischung stopfen, dabei 150 g der Füllung außen auflegen. Das Huhn 1 1/2 Stunden in einem leicht geschlossenen Topf schmoren lassen. Dann Deckel ganz abnehmen und noch eine halbe Stunde schmoren. Dabei häufig mit Bratensaft begießen. Eine angewärmte Fleischplatte mit Pita-Brottaschen belegen. Bratensoße und warmes Getreide dazugeben und oben auf das Huhn legen. Mit extra zurückgestellten Zwiebeln und Nüssen sowie der Gewürzmischung bedecken. Salz zum Abschmecken. Dazu Oliven und frischer, gemischter Blattsalat. Als Dessert frisch pürierte Beeren.

Geschmorte Poularde mit Spinat und Pflaumen

Diese persische Zusammenstellung schmeckt so köstlich, daß Sie Ihre Familie leicht davon überzeugen werden, daß Spinat und Pflaumen zusammenpassen. Schon Königin Ester vollbrachte bei ihren Festessen für König Ahasveros derartige Überzeugungswunder (Ester 5,4; 7,1)

1 große Zwiebel, in Scheiben
1/2 TL Zimt
1 TL Gelbwurz (Kukuma)
2 EL Hühnerfett, Öl oder Butter
2 Knoblauchzehen, zerdrückt
1,8 kg Poulardenstücke
300 ml Hühnerbrühe
70 ml herber Traubensaft, Zitronensaft oder Essig
150 ml Wasser
900 g frischer Spinat oder 575 g gefrorener Blattspinat
10 entsteinte Pflaumen
1 Prise Kümmel
2 Bund Frühlingszwiebeln, gehackt
1/2 TL abgeriebene Zitronenschale (nach Belieben)
Salz nach Geschmack
Walnußkerne

Zwiebeln mit Zimt und Gelbwurz in Öl, Fett oder Butter drei Minuten anbraten, dann Knoblauch zufügen. Anschließend Geflügelstücke darin bräunen. Alle übrigen Zutaten (bis auf Salz und Walnüsse) zugeben, mit einem Deckel bedecken und 40 Minuten schmoren lassen, bis das Fleisch gar ist. Bei Bedarf Wasser zugießen. Mit Salz abschmecken, zusätzliche Gewürze nach Wunsch. Zuletzt mit Walnußstückchen garnieren. Dazu passen Linsen, Reis oder Hirse, verschiedene biblische Gemüse sowie Käse.

Gebackenes Senfhuhn Teimah

Im Gelobten Land lieferte die golden blühende Senfpflanze überreichlich Samen und Grünzeug für die Küche. In drei Evangelien (Matthäus 17,20; Markus 4;32 und Lukas 13,19) erwähnt Jesus den Segen der Senfpflanze.

1,8 kg Poulardenstücke
4 EL scharfer Senf
1 EL getrockneter Dill oder Thymian oder 3 EL frische Kräuter
125 g Paniermehl

Die Geflügelstücke mit Senf einreiben. Kräuter und Paniermehl mischen. Fleisch damit von allen Seiten bestreuen oder Brösel und Fleisch in einer Tüte schütteln. Die panierten Poulardenteile auf ein großes Backblech legen. Bei 180 °C eine Stunde backen. Brät das Fleisch im geschlossenen Topf, wird es zarter, und es bildet sich Soße. Anderenfalls bekommen die Geflügelteile eine trockene, knusprige Kruste. Mit Joghurtsuppe, gebackenem Sellerie und Fenchel, Zwiebelkrüstchen und Feigen servieren. Dazu Rotwein und Haroseth anbieten.

Römische Marinade für Grillhähnchen

Fermentierte Fischsoßen gehörten zu den beliebtesten Würzen des Römischen Reiches. Die in der heutigen italienischen Küche zu vielen Gerichten verwendeten Sardellen sind das Erbe der damaligen Zeit.

1,8 kg halbe Hähnchen

MARINADE

1 TL gemahlener, schwarzer Pfeffer
5 EL Olivenöl
4 zerdrückte Knoblauchzehen
1 TL Selleriesamen
3 EL Fischsoße (siehe Seite 66)
2 TL Honig
1/2 TL Senf
je 1 TL getrocknete Minze, Dill, Liebstöckel und Raute*, falls vorhanden (bei frischen Kräutern die Menge verdreifachen)

In einer großen Pfanne Zutaten für die Marinade miteinander vermengen und über die Hähnchen verteilen. Mindestens eine Stunde oder über Nacht in den Kühlschrank stellen. Die Stücke ab und zu umdrehen. Hähnchenhälften backen, schmoren oder grillen. Vor dem Servieren die Marinade kochen und als Soße reichen. Sie eignet sich auch für Geschnetzeltes vom Huhn. Mit typisch römischen Gemüsen wie Spargel oder gebackenem römischem Kohl servieren.

** siehe Anmerkung zu Raute Seite 12*

Gebackenes Senfhuhn Teimah und römische Marinade für Grillhähnchen

Ente in Traubensaft

„… und ich nahm die Beeren und zerdrückte sie in den Becher und gab den Becher dem Pharao in die Hand.“
1. Mose 40,11

2 Haus- oder Wildenten à 5 Pfund (2,5 kg) (3 Enten, falls Sie die Brust anderweitig verwenden wollen)
350 g Weizenvolkorn- oder Gerstenmehl
300 ml Öl
1,2 ltr Traubensaft
150 ml Rotwein oder Rotweinessig
Salz oder Pfeffer

Die Enten wie Hühner zerteilen. (Bei diesem Gericht kann die Entenbrust anderweitig verwendet werden.) Fleischstücke salzen und in Mehl wälzen, dann in Öl goldbraun braten. Öl entfernen und Traubensaft und Wein oder Weinessig zugießen. 40 Minuten bei mittlerer Hitze kochen, bis das Fleisch weich ist. Salzen und pfeffern nach Geschmack. Mit gekochten Weizenkörnern, Koriandersoße, Chicorée mit Oliven und Trauben und Sauerteigbrot aus Weizenvollkornmehl servieren.

Römischer Geflügelsalat mit frischen Erbsen

Die Römer stellten gern verschiedene Geschmackskombinationen zusammen. So konnten Fisch, Hühner- und Kalbfleisch in einem einzigen Gericht vorkommen. Zu diesem Geflügelsalat gehören frische Erbsen, ein beliebtes römisches Gemüse, dem Apicius ein ganzes Kapitel in seinem Kochbuch widmete.

450 g zerpflückter römischer Kopfsalat
450 g gekochtes Hühnerfleisch ohne Haut
225 g gedünstete frische Erbsen (notfalls aus der Dose)
3 hart gekochte Eier
50 g kleine Oliven ohne Stein
3–4 Sardellenfilets in Stückchen
1 EL Kapern
225 g Sellerie, gewürfelt
4 EL geröstete Mandeln

Alle Zutaten zu einem Salat miteinander vermengen. Vor dem Servieren mit Essig-Dressing übergießen.

ESSIG-DRESSING
1 TL Honig
1 zerdrückte Knoblauchzehe (nach Belieben)
1 EL Senf
1/4 TL Selleriesamen
300 ml Olivenöl
150 ml Essig
Salz nach Geschmack

Honig, Knoblauch, Senf und Selleriesamen verrühren. Langsam Öl unter ständigem Rühren dazulaufen lassen, dann Essig zufügen. Nach Geschmack salzen. Dattel-Nuß-Brot oder Zwiebelkrüstchen runden das leichte Mahl ab.

Gegrillte Entenbrust mit Rosenessig

Rosenessig, -marmelade und -soßen waren früher der reine Luxus. Wer einen Rosengarten hat, kann seinen eigenen Rosenessig herstellen. Frische, ungespritzte Blütenblätter sammeln, in eine Flasche stecken und mit weißem Essig auffüllen. Einige Wochen durchziehen lassen. Die Zeit läßt sich verkürzen, indem die Blütenblätter zuvor mit heißem, aber nicht kochendem Essig überbrüht werden. Falls kein Rosenessig erhältlich ist, weißen Essig mit Rosenwasser aromatisieren: 1 TL Rosenwasser auf 2 EL Essig. Der Rosengeschmack kann Menschen, die nicht daran gewöhnt sind, irritieren. Darum sparsam verwenden und vorher abschmecken.

3 Entenbrüstchen ohne Knochen, am besten groß und fleischig (ersatzweise Hühnerbrüstchen)
125 g Enten- oder Hühnerfett
600 ml kräftige Enten- oder Hühnerbrühe
3 TL bis 3 EL Rosenessig
125 g frische Petersilie, fein gehackt
kandierte Rosenblätter (nach Belieben)
Salz zum Abschmecken

Die Entenbrüste enthäuten. Die Haut in ein wenig Entenfett braten, bis sie knusprig ist, dann kleinschneiden und aufheben. Entenbrüstchen auf 7 mm flach klopfen. Mit Entenfett auf beiden Seiten bepinseln. Im Ofen oder über mittelheißer Grillkohle jede Seite 3 bis 5 Minuten braten.

600 ml Brühe auf ca. 200 ml einkochen. Rosenessig nach Geschmack zufügen und auf 150 ml einkochen lassen. Gegrillte Entenbrust mit Rosenessigsoße und knusprigen Hautstückchen, garniert mit Petersilie und kandierten Blütenblättern, servieren. Zuletzt salzen. Dazu schmeckt Safran-Pilaw, gedünsteter Spinat, knackige Radieschen als Salat und Fenchelkuchen.

Granatapfel-Walnuß-Ente oder -Hühnchen

Königin Ester bereitete zwei Festessen, um die Gunst des persischen Königs Ahasveros zu gewinnen. Unter den Delikatessen könnte Granatapfel-Walnuß-Soße über Ente, Huhn oder Lamm gewesen sein. Diese Soße, der Stolz der persischen Küche, ist wunderbar, und jeder persische Koch beherrscht eine unwiderstehliche Version. Experimentieren Sie selbst mit den vorgeschlagenen Gewürzen und stimmen Sie den süß-sauren Geschmack mit frischer Zitrone und Honig ab.

2 gehackte Zwiebeln
4 EL Butter oder Öl
2 Enten oder Hühner, geachtelt
300 ml Hühnerbrühe (zur Not aus der Dose)
300 ml Granatapfelsaft, frisch gepreßt (siehe S. 53), aus der Dose oder konzentrierter Sirup mit frischem Zitronensaft
575 g gemahlene Walnüsse
je 1/2 TL Zimt, Knoblauch, Honig, Pfeffer, Kümmel
Salz nach Geschmack
Granatapfelsamen
Walnußhälften

Römischer Geflügelsalat mit frischen Erbsen

In einer großen Pfanne gehackte Zwiebeln in Butter oder Öl goldbraun anbraten. Zwiebeln aus der Pfanne nehmen und die Enten- oder Hühnerstücke braten. Zwiebeln zurück in die Pfanne geben. Brühe zugießen und 15 Minuten sieden lassen. Fett abschöpfen. Granatapfelsaft, gemahlene Walnüsse und Gewürze zufügen. Mit einem Deckel verschließen und 20 bis 40 Minuten köcheln, bis das Geflügel gar ist. Nach Wunsch nochmals salzen. Wasser nachfüllen, falls die Soße festbrät. Auf gekochter Gerste oder gekochtem Weizen servieren. Mit frischen Granatapfelkernen und Walnüssen garnieren. Je nachdem, ob der Granatapfelsaft frisch, aus der Dose oder aus Sirup mit Zitronensaft hergestellt ist, muß mit Honig oder Zitrone nachgewürzt werden. Saft aus der Dose sollte so herb wie frische Limone schmecken.

FRISCHER GRANATAPFELSAFT

Granatäpfel zunächst auf einer harten Unterlage rollen, damit sie weich werden. In der Mitte durchschneiden und eine Zitruspresse benutzen oder die Hälften mit der Hand über einer Schüssel ausdrücken.

Sie sollten dieses Rezept unbedingt mit 1,4 kg Lammfleisch (ohne Knochen) anstelle von Ente oder Huhn ausprobieren.

Bei einem leckeren Mahl im persischen Stil beginnen Sie mit Artischocken-Suppe und servieren anschließend Huhn, Ente oder Lamm mit gekochtem Weizen oder gekochter Hirse und gedünstetem Spinat. Reichen Sie als Dessert Bratäpfel oder Pistazieneis.

Geflügelpastete mit Blätterteig

Für 12 bis 16 Personen

Als erstgeborener Sohn wurde Jesus von seinen Eltern in den Tempel nach Jerusalem gebracht. Sie machten diese Pilgerreise, um ihr Kind *dem Herrn darzustellen* (Lukas 2,22–24). Gleichzeitig opferten sie zwei junge Turteltauben, wie es bei der Geburt jedes Kindes Sitte war. Die hier beschriebene traditionelle Pastete mit Nüssen, Eiern und Geflügel wird auch heute noch gern bei einem Fest für den neuen Erdenbürger gegessen.

1 kg Hähnchen- oder Taubenfleisch ohne Knochen (Hähnchenschenkel sind ähnlich wie Taubenfleisch)

4 Knoblauchzehen zerdrücken und mit Salz verrühren (nach Belieben)

900 ml Wasser

1 fein gehackte große Zwiebel

50 g gehackte Petersilie

350 g Butter oder 450 ml Mandelöl

1 TL gemahlener Koriander

3/4 TL gemahlener Ingwer

1/2 TL zerkleinerte Safranfäden (nach Belieben)

3 Zimtstangen

450 g abgezogene Mandeln

4 EL Honig

1 1/4 TL gemahlener Zimt

150 ml Trauben- oder Zitronensaft

10 Eier

16 Platten Blätterteig

Salz und Pfeffer

Das Geflügel – falls gewünscht – mit Knoblauch-Paste einreiben und 10 Minuten zur Seite stellen. Die Knoblauchpaste wieder abwischen. Geflügel, Wasser, Zwiebel, Petersilie, 125 g Butter oder 150 ml Öl, Koriander, Ingwer, Safran, Zimtstangen, Salz und Pfeffer zusammen in einem großen Topf zum Kochen bringen und 30 Minuten bis 1 Stunde sieden lassen. Geflügelfleisch herausnehmen und zerkleinern. Zimtstangen entfernen.

Mandeln mit einem EL Butter oder Öl rösten und im Mixer zerkleinern. Mit Honig und gemahlenem Zimt vermengen.

Die Brühe, in der das Geflügel gekocht hat, bei starker Hitze auf 600 ml einkochen lassen. Trauben- oder Zitronensaft zugießen. Eier aufschlagen und in die leicht kochende Flüssigkeit gleiten lassen; dabei ständig rühren. Die Eier so fest wie Joghurt stocken lassen und dann in eine Schüssel schütten. Zimtmandeln, Eimasse und gewürztes Geflügelfleisch bilden die Pasteten-Füllung.

ZUBEREITUNG DER PASTETE
Blätterteigplatten und zusätzlich 225 g geschmolzene Butter oder 300 ml Öl bereitstellen. Den Blätterteig mit einem feuchten Tuch abdecken, damit er nicht austrocknet. Die Blätterteigplatten mit dem Backpinsel oder per Hand mit Butter oder Öl einstreichen. Blätterteigplatten sind ziemlich zerbrechlich, doch lassen sie sich mit fettigen Fingern wieder zusammendrücken. Eine eingefettete Backform von 30 cm Durchmesser mit 6 geölten Blätterteigstücken auslegen, die über den Rand hinaushängen. 2 weitere geölte Blätterteigstücke halbieren und in die Mitte legen. Die Mandelmischung über den Blätterteig verteilen.

Die Hälfte der Eimasse über den Blätterteig streichen, darauf die Geflügelstückchen legen, darüber die restliche Eimasse verteilen. Die über den Rand hängenden Blätterteigstücke über die Füllung falten und die restlichen Blätterteigplatten ölen, obenauf legen und an den Seiten festdrücken. In einem auf 220 °C vorgeheizten Ofen 20 Minuten goldgelb backen. Die Geflügelpastete vorsichtig auf ein Kuchenblech stürzen, jedoch nicht die Backform entfernen. Nochmals 10 Minuten im Ofen backen. Zuletzt die Backform entfernen, damit die Pastete in wenigen Minuten goldgelb backen kann. Pastete auf dem Blech servieren oder die Backform wieder auflegen und aufbewahren. Vor dem Anschneiden auf jeden Fall etwas abkühlen lassen. Mit Zimt und Puderzucker bestäuben. In Stücke schneiden und sofort servieren. Oliven, ein gemischter grüner Salat, Rahmspinat und Brokkoli mit Pinienkernen und Kapern passen gut dazu.

Gegrillte marinierte Wachteln

„Und am Abend kamen Wachteln herauf und bedeckten das Lager…“
2. Mose 16, 13

6 bis 10 Wachteln

6 Knoblauchzehen

6 zerdrückte Wacholderbeeren

4 klein gehackte Frühlingszwiebeln

300 ml trockener Weißwein oder Apfelsaft

2 TL Kümmel

2 TL Koriandersamen

150 ml Olivenöl

5 EL fein gehackte Korianderblätter oder Petersilie

In einer großen Schüssel alle Zutaten außer den Wachteln zu einer Marinade verrühren. Nun die Wachteln hinzufügen und von allen Seiten mit Soße bestreichen. Die Wachteln eine Stunde in der Marinade lassen, je nach Belieben auch länger. Abtropfen. Die Marinade aufheben und in einem kleinen Topf zum Kochen bringen. Auf dem Grill köcheln lassen, während die Vögel braten.

Zunächst Wachteln auf der Brustseite grillen. Ab und zu mit kochender Marinade beizen. 2–3 Minuten grillen, wenden und wieder 2 Minuten grillen. Das Brustfleisch soll fest, aber nicht trocken werden. Marinade als Soße mit den Wachteln servieren. Wir empfehlen dieses Gericht als Vorspeise. Anderenfalls die Mengen verdoppeln. Mit Graupen und Rosinen gefüllte Gurken dazu reichen, außerdem Weizenvollkorn-Pilaw, Apfel-Rosen-Salat und Pistazien-Mandel-Plätzchen.

Hähnchen mit Knoblauch-Minz-Marinade

Anstelle von Turteltauben, Tauben, Rebhuhn und anderem kleinen Geflügel, das die Menschen der Bibel mit Vorliebe aßen, nehmen wir Hähnchen. Sie können für die-

Geflügelpastete mit Blätterteig

ses Rezept jedoch auch einen der kleineren Vögel auswählen.

150 ml Olivenöl
7 zerdrückte Knoblauchzehen
2 EL Fischsoße (siehe Seite 66)
4 EL Honig
2 EL Essig
300 ml Weißwein
225 g frische Pfefferminzblätter oder 150 g getrocknete Minze
6 halbierte oder geviertelte kleine Hähnchen
frische Pfefferminzstengel

Öl, Knoblauch, Fischsoße, Honig, Essig, Wein und Pfefferminzblätter miteinander vermengen. Über die gewaschenen und abgetrockneten Hähnchen träufeln und einreiben. Mindestens eine Stunde oder über Nacht in den Kühlschrank stellen. Ein Holzkohlenfeuer anzünden. Marinade abtropfen lassen und aufheben. Hähnchen auf Spieße stecken und 45 Minuten bis 1 Stunde grillen. Alle 15 Minuten wenden. In einem Topf die restliche Marinade aufkochen und einige Minuten leicht sieden lassen. Als Soße servieren. Geflügel mit frischer Minze garnieren. Dazu passen Gerste oder Weizen-Pilaw, Weizenvollkornpitas (Brottaschen), Drei-Sprossen-Salat und frische Früchte als Dessert.

Rebhuhn oder Hähnchen mit Nüssen

„... wie man ein Rebhuhn jagt auf den Bergen."
1. Samuel 26,20

300 ml Weißwein
150 ml Olivenöl plus 3 EL Geflügelfett oder Öl
1 TL gemahlener Koriander
2 EL Honig
5 Frühlingszwiebeln
1 Lorbeerblatt
70 ml Essig
2 TL getrockneter oder 2 TL frischer Thymian
Salz nach Geschmack
6 geviertelte Rebhühner oder Hähnchen
1 Zwiebel in Scheiben
125 g Mandeln, Walnüsse oder Pistazien (oder alle drei Sorten gemischt)
150 ml Dattel-, Aprikosen- oder Traubenweinbrand

Wein, Öl, Koriander, Honig, Frühlingszwiebeln, Lorbeerblatt, Essig, Thymian und Salz vermischen. Das Geflügel mehrere Stunden darin marinieren; dabei häufig wenden. Vögel abtrocknen und Marinade aufheben. Zwiebel in Fett anbräunen, das Geflügel dazugeben und anbraten. Hitze reduzieren, Deckel auflegen und ca. 20 bis 30 Minuten leicht schmoren. Marinade in einem getrennten Topf erhitzen. Die Nüsse rösten. Über die garen Hühner den Weinbrand geben, dabei darf der Alkohol wegbrennen. Zuletzt die gerösteten Nüsse über die Hühner streuen. Mit getoastetem Sauerteigbrot, süßsaurer roter Bete oder einem grünen Salat mit Radieschen servieren. Zum Nachtisch: Honigcreme.

Geflügelpastete

Für mindestens 16 Personen

4 Pastetenteigböden (siehe Seite 81)

Geflügelpasteten-Rezept (siehe Seite 54) ohne den Blätterteig und ohne die 225 g Butter

Die Mengenangaben für die zuvor beschriebene Geflügelpastete in Blätterteig reichen für 4 Pastetenformen. Eine Quiche, die mit einer Teigschicht abgedeckt ist, entspricht eher dem Originalrezept. Hierzu wäre allerdings das achtfache Pastetenteig-Grundrezept erforderlich. Die Füllungen wie bereits angegeben übereinander schichten.

Soll die Pastete wie eine Quiche schmecken, die Eier nicht vorweg stocken lassen. Auf die Pastetenböden Mandel- und Geflügelfüllung verteilen. Die Eier mit dem eingekochten Fond mischen und über die gefüllten Pasteten gießen. Bei 180 °C backen, bis die Eimasse fest ist. Mit Zwiebeln, Oliven-Orangen-Salat, Joghurt-Käse-Kugeln und einer Auswahl frischer Gemüse servieren.

Süß-salzige Eier

Zu einem römischen Dinner gehörten generell Eier als Vorspeise.

50 g feingehackte Zwiebeln

Öl zum Braten

6 hartgekochte Eier

70 ml Dattelsirup (siehe Seite 86)

4 EL Fischsoße (siehe Seite 66)

Korianderblätter

In einer mittelgroßen Pfanne Zwiebeln in 1 EL Öl goldgelb und knusprig braten. Die Zwiebeln aufheben und die Pfanne auswischen. Neues Öl in der Pfanne oder einem geeigneten Topf erhitzen. Die hartgekochten Eier der Länge nach halbieren und mit dem Eigelb nach unten braten, bis die Eier goldgelb sind und Blasen werfen. Die Eigelbseite nach oben wenden. Das Öl bis auf 2 EL entfernen. Dattelsirup in einer Pfanne bei schwacher Hitze aufkochen. Fischsoße zufügen und 5 Minuten sieden lassen; dabei häufig rühren. Soße über die gebratenen Eier gießen, mit gerösteten Zwiebeln bestreuen und mit Korianderblättern garnieren. Schmeckt gut zu Gersteneintopf mit Linsen und Kichererbsen, Ashurey oder Kichererbsen-Weizensuppe.

Siehe Foto Seite 66

Gans gefüllt mit Äpfeln und Rosinen

Gans gehört zum traditionellen Chanukkah-Mahl. Ihr hoher Fettgehalt symbolisiert ein Wunder, das Anlaß zum achttägigen Chanukkahfest ist. Nach der dramatischen Befreiung Judäas von den heidnischen Griechen durch die Makkabäer eilten die Juden erfreut in ihren Tempel, um ihn wieder zu weihen. Im Tempel fand sich aber nur eine ganz geringe Menge Öl, die für den Leuchter normalerweise nur einen Tag gereicht hätte. Das Licht brannte aber acht Tage lang, bis neues Olivenöl nachgeliefert werden konnte. Seitdem feiert man das Chanukkahfest acht Tage lang.

1 Gans von 5–6 kg

FÜLLUNG

2 fein geschnittene Zwiebeln (nach Wunsch angebraten)

225 g Apfelstückchen

675 g Paniermehl aus Weizenvollkornbrot oder 1,8 kg gekochte Gerste

225 g kernlose Rosinen

3 EL Honig

3 geschlagene Eier

Wasser

Senfsoße, saure Pflaumen-Koriander-Soße oder eingemachte rote Bete (siehe Seiten 42, 68, 76)

Die Zutaten für die Füllung vermischen und die Gans damit stopfen; zunähen oder mit kleinen Spießen zustecken. Das Tier auf einen Backrost legen und die Haut mit einer Gabel einstechen. 15 Minuten bei 250 °C ohne Beize anbraten. Hitze für die restliche Backzeit auf 180 °C reduzieren. Die gesamte Backzeit beträgt etwa 20 Minuten pro 450 g Gewicht der Gans (ohne Füllung). Etwas Wasser in die Fettpfanne geben, damit das tropfende Fett nicht anbrennt. Mit Senfsoße, saurer Pflaumen-Koriander-Soße oder eingemachter rote Bete garnieren. Mit Sumerischer Wasserkresse, römischem Spargel, Drei-Sprossen-Salat und Honig-Mandel-Paste servieren.

VERARBEITUNG VON GEFLÜGELFETT

Enten- und anderes Geflügelfett, das beim Braten und Grillen übrig geblieben ist, kann eingefroren und zum Braten, Backen und Verfeinern von anderen Gerichten verwendet werden. Alles Geflügelfett von Ente, Gans und Huhn war und ist besonders in der Küche der Juden willkommen, die keinen Speck, Nierenfett oder Butter mit Fleisch verarbeiten dürfen. Cremiges Geflügelfett eignet sich auch ausgezeichnet zum Backen. Geflügelfett gibt schmackhaften Eintöpfen oder Fleischpasteten einen besonders intensiven Geschmack. Wenn es zu gleichen Teilen mit Öl oder Butter verwendet wird, schmeckt Geflügelfett kaum durch. Bei zu hohen Cholesterinwerten ist dieses Fett jedoch nicht empfehlenswert. – Im Kühlschrank aufbewahren.

Fisch

„Spricht Jesus: Bringt ein paar von den Fischen, die ihr jetzt gefangen habt! Simon Petrus stieg hinein und zog das Netz an Land, voll großer Fische. Und obwohl es so viele waren, zerriß doch das Netz nicht. Spricht Jesus zu ihnen: Kommt und haltet das Mahl!"
Johannes 21,10–12

Das Symbol der ersten Christen war nicht das Kreuz, sondern der Fisch. Die einzelnen Buchstaben des griechischen Wortes für Fisch, *Ichthys,* sind eine Verschlüsselung der urchristlichen Botschaft: Jesus Christus – Gottes Sohn – Retter.

Ein weiterer Grund, warum die ersten Christen sich den Fisch zum Symbol wählten, geht auf den alten hebräischen Glauben zurück, daß der Messias als ein großer Fisch auf die Erde käme. Zu ihren „reinen Abendmahlen" wurde Fisch im allgemeinen als ein Zeichen der Hoffnung für die Zukunft gereicht und fehlt darum bis heute bei keinem Sabbatmahl. Auch die vielen Hinweise im Neuen Testament auf den Fischfang und den Verzehr von Fisch lassen uns heute folgern, daß Fisch zu den Hauptnahrungsmitteln gehörte.

Fischfang-Methoden
In der Bibel werden vier Fischfangmethoden genannt, die bis heute gelten.

Habakuk 1,15 beschreibt, wie Fische mit kleinen Handnetzen (Käschern), mit großen Netzen und mit der Angel gefangen wurden. Hiob 41,7 spricht von einer Harpune. Amos 4,2; Jesaja 19,8; Lukas 5,4–9 und Matthäus 13,47–50 und 17,27 erwähnen ebenfalls diese Techniken.

Vierzig Fischsorten gibt es im Heiligen Land, zweiundzwanzig speziell in Israel und Syrien. Im Jordan und den dazugehörigen Gewässern wie dem Galiläischen Meer leben 14 Fischarten, die sonst nirgendwo auf der Welt zu finden sind. Es war das reichste Fischfanggebiet des Altertums. Die Fischer von Galiläa betrieben ein lukratives Geschäft.

Das Galiläische Meer hat warme Strömungen, in denen sich große Fischschwärme versammeln. Jesus verstand sich offensichtlich auf diese Strömungen, denn er gab seinen Jüngern fachmännische Anweisungen, wo sie ihre Netze auswerfen sollten (Johannes 21,6). Karpfen, Forelle und Äsche gehörten zu den Fischen, die sie fingen.

Die Phönizier tauschten ihre Meeresfische gegen Getreide, denn die Hebräer waren kein Seefahrervolk. Zu diesen Fischen, die in den Toren von Jerusalem gehandelt wurden, wie Nehemiah 3,3 und Zephania 1,10 erwähnen, gehörten wahrscheinlich Kabeljau, Seezunge, Sardinen, Heringe, graue und rote Meeräschen, Makrelen, Thunfisch und Seebarsch. Fisch wurde durch Trocknen und Einlegen konserviert.

Soßen
Die Römer waren sehr stolz auf ihre Soßen *garum, liquamen* und *muria* aus fermentierten, eingelegten Fischen. Alle möglichen Fischsorten und Meerestiere wurden hierzu verarbeitet, und es gab viele verschiedene Gütegrade und Soßenvariationen. Die billigste Fischsoße, *muria,* wurde aus Thunfisch hergestellt.

An diese Gewürzsoßen erinnern die dunkelbraunen asiatischen Soßen aus Sardellen, Shrimps oder Austern, die man heute auf orientalischen Märkten findet. Zur Zeit der Römer konnten diese Gewürzsoßen unerschwinglich teuer sein, besonders die Fischsoßen aus der Leber der Roten Meeräsche, eine kulinarische Kreation von Apicius, dem römischen Gourmet.

Ein altes Mosaik, das die Brote und Fische darstellt, die Jesus am See Genezareth bei Tiberias vermehrte.

Fisch mit Bienenhonig

„Als sie aber noch nicht glaubten vor Freude und sich verwunderten, sprach er zu ihnen: Habt ihr hier etwas zu essen? Und sie legten ihm ein Stück gebratenen Fisch vor."
Lukas 24,41–43

Honig und Fisch sind eine einmalige schmackhafte Kombination und gehören zu den Gerichten, die Jesus, wie die Bibel uns berichtet, gegessen hat.

Gegrillter Fisch mit Wabenhonig

pro Person:

150 g festfleischiges weißes Fischfilet
1 EL Olivenöl
1 EL Wabenhonig
Essig oder Zitronensaft

Fisch mit Olivenöl einpinseln und in dem mit Öl eingefetteten Bräter bei 130° C 15 bis 20 Minuten im Backofen backen oder bei geringer Hitze 5 bis 7 Minuten von jeder Seite grillen. Aus dem Backofen nehmen und einen EL Wabenhonig auf die einzelnen Fischstücke verteilen. Den Grill auf eine niedrige Stufe einstellen und den Fisch zum Glasieren direkt darunter schieben. Den Honig hellbraun karamelisieren lassen. Heiß oder kalt mit Essig oder Zitronensaft servieren. Dazu Gerstenfladen.

Bratfisch mit Honig

350 g Weizenvollkornmehl
1/2 TL Salz
450 ml Wasser
1 Ei
1 kg Thunfisch-, Heilbutt- oder Kabeljausteak, gewürfelt
Öl zum Braten
1 EL Sesam-, Oliven- oder Mandelöl
2 EL Honig
2–3 EL frisch gerösteter Sesamsamen

Mehl und Salz in einer Schüssel mischen. In die Mitte eine Vertiefung drücken. Wasser und Ei leicht verschlagen, vorsichtig in die Vertiefung schütten. Mit dem Mehl zu einem glatten Teig verrühren. 3 Fischwürfel in eine kleine Schüssel geben, Eierteig darüberschütten. Zur Seite stellen. Auf diese Weise alle Würfel mit dem Teig überziehen. Bratenöl in einer Pfanne oder im Wok erhitzen. Fischstücke kurz goldgelb fritieren. Die fritierten Fischwürfel auf ein Stück Küchenkrepp legen, damit das Fett abtropfen kann. Wenn alle Würfel fritiert sind, das Öl ausgießen und die Pfanne sauber auswischen. Einen EL frisches Öl in die Pfanne geben, Honig zufügen und vorsichtig erwärmen. Den Fisch dazugeben und die Stücke so bewegen, daß der Honig von allen Seiten haftet. Auf einen Teller legen und mit Sesamsamen bestreuen. Mit Hirse und Rosen-Apfel-Salat zu Tisch geben.

Gegrillte Sardinen in Weinblättern

„Als sie nun ans Land stiegen, sahen sie ein Kohlenfeuer und Fische darauf und Brot."
Johannes 21,9

300 ml Olivenöl
2 TL Salz
150 ml Essig oder Zitronensaft
1 EL Senf
225 g frische Kräuter (Dill, Minze, Thymian, Lorbeerblatt, Oregano und Basilikum nach Wahl)
1,4–1,8 kg frische Sardinen oder 900 g Fischfilet
12–40 Weinblätter frisch blanchiert oder eingelegt
heiße Senfsoße

Eine Marinade aus Olivenöl, Salz, Essig, Senf und der Hälfte der Kräuter zubereiten. Bei Filet den Fisch in 5 cm schmale Stücke schneiden. Die Sardinen oder das Filet mindestens 1 Stunde, möglichst länger, marinieren. Anschließend die Weinblätter spülen und kurz trocknen lassen. Eine Sardine oder ein Stück Fischfilet an die Ecke eines Weinblatts legen und wie eine Zigarre aufrollen, die Enden dabei einschlagen. Wenn ein Blatt nicht ausreicht, zwei Blätter nehmen. Das Päckchen kann, falls erforderlich, mit Zahnstochern oder ungewachster Zahnseide verschlossen werden. Über einem Holzkohlefeuer grillen, dabei die Blätter nicht anbrennen lassen. Bei einem heißen Feuer reichen 10 Minuten aus. Alternativ lassen sich die gefüllten Weinblätter auch dünsten oder backen. Zum Dünsten einen Gemüsedünster in einem großen Topf mit fest schließendem Deckel verwenden. 20 Minuten dünsten. Zum Backen die gefüllten Weinblätter in eine Auflaufform legen, Marinade zugießen, abdecken und bei 180 °C 30 Minuten im Ofen backen. Mit Senf als Dip servieren. Dazu paßt Drei-Sprossen-Salat.

Gegrillter Petrusfisch

Petrusfisch oder *mushat* ist – so glaubt man – der Fisch, von dem Jesus sagte, man werde einen Steuertaler in seinem Maul finden (Matthäus 17,27). Auch andere Fischsorten eignet sich ersatzweise.

6 kleine ganze Fische (wie Äsche, Brasse oder Makrele)
1–2 EL Salz
125 g gehackte Petersilie
2 fein gehackte Zwiebeln
150 ml Olivenöl
70 ml Essig

Ein Holzkohlefeuer anzünden oder alternativ den Grill anstellen. Die Oberfläche der Fische mehrmals diagonal einritzen. Innen und außen salzen und 30 Minuten ruhen lassen. Fische mit Petersilie und Zwiebeln füllen und mit Zahnstochern zustecken oder zunähen. Fische mit Öl einpinseln und auf einen geölten Grill legen. Öl und Essig miteinander vermischen und den Fisch in regelmäßigen Abständen damit beizen. Nicht zu nahe an der Flamme grillen, der Fisch kann sonst von außen anbrennen und innen roh bleiben. Wenn die erste Seite knusprig braun ist, wenden. Mit Gemüsesuppe und Körnern, dem Brot der Essener und Tabbouleh-Salat servieren.

Gegrillter Petrusfisch

Flußbarsch mit Tahini

„Wir denken an die Fische, die wir in Ägypten umsonst aßen..."
4. Mose 11,5

6 mittelgroße Barsche oder andere festfleischige Weißfische
Salz und Pfeffer nach Geschmack
2 EL Essig
3 EL gehackte Petersilie
1 EL Paniermehl aus Weizenvollkornbrot
70 ml Sesamöl (kein orientalisches)
2 mittlere Zwiebeln, in Scheiben geschnitten
2 zerdrückte Knoblauchzehen
125 g Tahini (Sesampaste, wie unten beschrieben)

Fische von beiden Seiten mit einem Messer abschaben, salzen und pfeffern und mit 1 EL Essig beträufeln. Einen Bräter ölen und den Ofen auf 200 °C vorheizen. 2 EL Petersilie mit dem Paniermehl mischen und in den Bräter streuen. In einer Pfanne den Fisch mit 3 EL Öl anbraten, bis beide Seiten goldbraun sind. Öl in der Pfanne aufheben und die Fische in den vorbereiteten Bräter legen.

Im Bratenfett Zwiebeln 2 Minuten anbraten. Knoblauch zufügen und weitere 2 Minuten goldgelb braten. Den restlichen EL Essig und Tahini unterrühren. Das Gemüse über den Fisch verteilen. 15 Minuten backen. Mit der restlichen Petersilie garnieren. Dazu paßt die Suppe aus drei Sorten von Hülsenfrüchten, Joghurt mit frischen Kräutern und Gurken sowie Honigkuchen zum Nachtisch.

Tahini, eine Sesampaste, gibt es in vielen Läden bereits fertig zu kaufen. Sie hält sich auch nach dem Öffnen im Kühlschrank viele Monate. Wenn Sie kein Tahini kaufen können oder nur eine sehr geringe Menge benötigen, können Sie es aus ungeröstetem Sesam selbst herstellen. Die Frauen der Bibel zerquetschten den Sesam mit einem Stößel im Mörser oder größere Mengen zwischen zwei Mühlsteinen.

Den Ofen auf 170 °C vorheizen. Den Sesam 5 Minuten auf einem Backblech rösten, gelegentlich schütteln. Er muß jedoch nicht braun werden. Wenn der Samen abgekühlt ist, in einer elektrischen oder mechanischen Mühle mahlen, bis sich eine weiche Paste bildet. Eine Tasse Sesam ergibt ca. 1/2 Tasse Tahini.

Panierter Bratfisch mit Kümmel und Dillsamen

In Jesaja 28,27 werden die Erntemethoden von Dill und Kümmel miteinander verglichen. *„Auch drischt man den Dill nicht mit Dreschschlitten und läßt auch nicht die Walze über den Kümmel gehen, sondern den Dill schlägt man aus mit einem Stabe und den Kümmel mit einem Stecken."*

Dillsamen wird auch als Schwarzer Kümmel oder *Niella sativa* bezeichnet.

2 oder 3 geschlagene Eier
1/2 TL Salz
6 weiße Fischfilets (wie Forelle, Hecht, Flunder, Seezunge oder Brasse)
Öl zum Braten
3 EL Schwarzer Kümmel (Dillsamen)

KÜMMELSOSSE
1 EL gehackte Zwiebeln
1/2 TL Kümmel
1 EL Honig
1 EL gemahlener Koriander
1 Prise Rosmarin
1 Schuß Essig
1 TL Olivenöl
300 ml Fisch- oder Gemüsebrühe oder auch Wasser mit 2 EL Fischsoße (siehe Seite 66)

Die Soße: Zwiebeln mit Essig, Honig und Gewürzen in Olivenöl bräunen. Brühe zugießen und zum Kochen bringen. Die Flüssigkeit auf die Hälfte einkochen lassen.

Der Bratfisch: Eier mit Salz verschlagen. Fischfilets in Eiersoße wälzen und in heißem Öl bräunen. Auf Papiertüchern abtropfen lassen. Fisch auf einer Platte anrichten und mit Kümmelsoße übergießen. Schwarzen Kümmel darüber streuen. Mit Porree und Kohl, Chicorée, Oliven und Rosinen, gebratenen Pastinaken und Rettichsalat servieren.

Gedünsteter Fisch mit Kapern

Eine Kaper ist die sauer eingelegte, verschlossene Knospe des *Cappari-spinosa-*Strauches. Sie wird in der Bibel in Prediger 12,5 genannt: *„... und wenn die Kaper aufbricht..."*

1 großer Fisch von ca. 2,5 kg (z. B. Seebarsch oder Goldmakrele)
70 ml Olivenöl
300 ml trockener Weißwein
300 ml Wasser
125 g frischer Dill oder Fenchel oder 3 EL der getrockneten Kräuter
4 Frühlingszwiebeln (fein gehackt)
1/2 TL Salz (auch mehr)
1 EL geriebener Ingwer
1 TL Kapern
Mayonnaise
Kopfsalat
Weizenvollkorn-Pitas (Brottaschen)

Den Fisch in einen großen Topf legen und mit Wein, Öl und Wasser bedecken. Falls der Topf nicht groß genug ist, Fisch halbieren. Dill, Zwiebeln, Salz und Ingwer zufügen. Mit geschlossenem Deckel zum Kochen bringen. Die Hitze reduzieren und 30 Minuten köcheln lassen. Fisch auf einer Platte anrichten und die Kochflüssigkeit über den Fisch gießen. Mit Kapern bestreuen. Dazu Graupen und Sumerische Wasserkresse reichen.

Soll der Fisch kalt gegessen werden, muß er auseinandergenommen werden. Gräten, Haut und Kopf wegwerfen. Fischstücke in eine Schüssel legen, Kapern zufügen und Kochflüssigkeit darüber gießen. Über Nacht in den Kühlschrank stellen. Fisch und Kapern in der fest gewordenen Brühe auf Salat anrichten und mit Mayonnaise verzieren. Dazu paßt Sauerteigbrot aus Weizen und süße Hirsebällchen als Dessert.

Panierter Bratfisch mit Kümmel und Dillsamen

Thunfisch mit Äpfeln und Rosinen

Die Menschen aus Thyrus waren Phönizier. Sie verkauften Mittelmeerspezialitäten wie Thunfisch im Fischtor von Jerusalem. Wurde samstags frisch gefangener Meeresfisch angeliefert, erlagen so manche israelische Fischfreunde der Verlockung. Sie werden in Nehemia 13,16–22 ermahnt, weil sie am Sabbat eingekauft hatten.

1 kg Thunfischsteaks oder 3 Dosen Thunfisch (in Öl)
1 EL Butter
150 ml süßer Rotwein
6 Scheiben Weizenvollkorntoast (nach Belieben)
Petersilie oder Korianderblätter

SOSSE

50 g Rosinen
50 g geraspelte Äpfel
2 EL süßer Rotwein
2 EL Olivenöl
2 EL Essig
1/4 TL gemahlener Koriander
1 TL Selleriesamen
1/2 TL Oregano
300 ml Fischbrühe oder Wasser mit 2 EL Fischsoße verrührt (siehe Seite 66)
Salz nach Geschmack

In einem Topf die Zutaten für die Soße zum Kochen bringen. Die Hitze herunterschalten und 25 Minuten köcheln lassen.

In einem Bräter Thunfischsteaks mit Butterflöckchen belegen und mit Wein beträufeln. Bei 200 °C zirka 20 Minuten backen, bis das Fleisch weiß und locker, aber nicht trocken ist. Auf einer Platte anrichten und mit der Soße servieren. Mit Petersilie und Korianderblättern garnieren.

Falls Sie Thunfisch aus der Dose verwenden, zuvor den Sud abschütten. Wenn die Soße 25 Minuten geköchelt hat, Fisch hineinlegen und kurze Zeit ziehen lassen. Auf Toast mit Petersilie und Korianderblättern garniert servieren. Schmeckt gut zu Gemüsesuppe mit Körnern. Joghurt-Trauben-Drink oder Joghurt-Karob-Drink als Dessert.

Sabbat-Fischbällchen

Seit vielen tausend Jahren sind Fischbällchen ohne Gräten eine Spezialität zum Sabbat. Dieses alte Rezept stammt von den äthiopischen Juden, die ihre Abstammung aus der Verbindung zwischen König Salomo und der Königin von Saba ableiten. (1. Könige 10,1–13)

1 kg gedünstetes, gedämpftes oder gebackenes Weißfischfilet
4 Scheiben Weizenvollkornbrot
3 fein gehackte Zwiebeln
6 EL Butter oder Öl
6 EL Weizenvollkornmehl
2 TL Salz
1/2 TL Pfeffer
1 1/2 TL trockener Senf
300 ml Milch oder Wasser
4 mittlere Gewürzgurken mit Dill (fein gehackt) oder 150 ml Mixed-Pickles-Würze
1 EL Gewürzgurkensaft
2 geschlagene Eier
125 g Paniermehl aus Weizenvollkornbrot oder Matzen
Pflanzenöl zum Braten

Das gekochte Fischfilet zerpflücken und zur Seite stellen. In einer großen Schüssel die Brotscheiben in 220 ml Milch einweichen und zu einem Brei zerdrücken oder in den Mixer geben. In einer mittelgroßen Pfanne Zwiebeln in Butter anbraten, bis sie weich sind. Mehl, Salz, Pfeffer und Senf zufügen. 70 ml Milch dazu geben und rühren; von der Herdplatte nehmen. Das zerdrückte Brot mit den kleingehackten Gewürzgurken, deren Saft und dem zerpflückten Fisch mixen. Den Teig in den Handflächen zu Bällchen formen, in geschlagenes Ei tunken und in Paniermehl oder Matzenmehl wälzen. Dann in heißem Öl goldgelb braten. Fischbällchen mit herbem Joghurt servieren. Zum Passahfest werden diese Fischbällchen mit Matzenmehl zubereitet.

Fischbällchen sind eine exzellente Vorspeise zu Lamm-, Rinder- oder Geflügelbraten. Als leichten Imbiß mit Gemüsesuppe und kaltem rote Bete-Joghurt-Drink servieren.

Thunfischsalat mit frischem Fenchel

„... alles, was Flossen und Schuppen hat im Wasser, im Meer und in den Bächen, dürft ihr essen."
3. Mose 11,9

200 g Thunfisch aus der Dose oder 900 g frischer Thunfisch
große, äußere Salatblätter (nach Belieben)
1 große Fenchelknolle, in mundgerechte Stücke geschnitten
125 g Rosinen
2 eingelegte Dillgurken (fein gewürfelt)
2 knackige Äpfel (in Spalten geschnitten)
römischer Salat Romana
Radieschenscheiben

DRESSING

150 ml Olivenöl
1 EL milder Senf oder 1/2 EL scharfer Senf
1 TL Honig
1 Prise Selleriesamen
Salz nach Geschmack
70 ml Essig

Den frischen Thunfisch in Salatblätter oder Folie wickeln (kleine Löcher in die Folie pieken) und 30 Minuten in einem Gemüsedämpfer aus Bambus oder Metall über kochendem Wasser dämpfen. Anderenfalls Thunfisch aus der Dose abgießen und in kleine Stücke brechen. In einer kleinen Schüssel Öl, Senf, Honig und Selleriesamen sowie Salz verrühren. Essig dazugeben. In eine Salatschüssel geschnittenen Fenchel, Rosinen, Gurkenwürfel, Apfel und Thunfisch legen. Dressing über den Salat schütten und unterheben. Es darf auch ein milderes Dressing sein. Auf Romanablättern (römischer Salat) anrichten und mit Radieschenscheiben garnieren. Dazu schmeckt Kichererbsen-Weizensuppe oder Gersten-Cremesuppe und Gewürzbrot mit Karob (Johannisbrotmehl).

Thunfischsalat mit frischem Fenchel

Gebratener Fisch in Rettich-Soße

Rettich gehört zu den ältestens Gemüsesorten im Heiligen Land. Alle Teile dieser Pflanze sind genießbar. Die Blätter wurden als Gemüse gekocht, aus den Samen wurde Öl gepreßt, und die Wurzeln wurden gekocht oder roh zu einem scharfen Dip geraspelt.

6 Fischfilets (z. B. Flunder, Seezunge oder Kabeljau)
1 TL Salz
225 g Weizenvollkornmehl
300 ml Öl zum Braten
70 ml süßer Weißwein
300 ml Gemüsebrühe
350 g geraspelter Rettich (milder weißer oder roter Rettich)
Korianderblätter
gehackte Frühlingszwiebeln
Petersilie

Fisch salzen und in Mehl wälzen. In einer großen Pfanne Öl erhitzen und Fisch braten, bis er braun ist. Den Fisch auf Papiertüchern abtropfen lassen. Öl aus der Pfanne abgießen und darin Wein und Gemüsebrühe zusammen aufkochen. Hitze reduzieren und köcheln lassen. Rettich zufügen und umrühren. Fisch in den Sud legen und kurz, etwa 3 Minuten, ziehen lassen. Mit Koriander, Frühlingszwiebeln und Petersilie garnieren. Dazu schmeckt Bulgur, das Brot der Essener und Zimtkäse.

Eingelegter Fisch

Eingelegter Fisch war im Altertum sehr beliebt. Römer, Griechen und Hebräer mochten diese schmackhafte Konservierungsart. Weil uns Fisch täglich in frischer, gefrorener und bereits eingelegter Form zur Verfügung steht, sind Methoden und Rezepte zum Einlegen in Vergessenheit geraten. Doch so zubereiteter Fisch ist immer noch eine ausgezeichnete, kalorienarme Vorspeise oder Zwischenmahlzeit.

1 kg Hecht oder anderer Weißfisch (ohne Gräten)
4 kleine Zwiebeln in Ringen
600 ml Wasser
Salz und Pfeffer
2 Lorbeerblätter
300 ml weißer Essig
2 TL Mixed Pickles-Gewürz (oder selbst zusammengestellt aus Dillsamen, Senfkörnern, Koriandersamen, schwarzen Pfefferkörnern und Nelken)
1 Zitrone oder Limone in Scheiben
1 EL Honig

Fisch vorsichtig unter kaltem Wasser abwaschen und mit 2 Zwiebeln, 600 ml Wasser, Salz und Pfeffer in einen Kochtopf legen. Zum Kochen bringen und den Fisch 10 bis 20 Minuten bei geringer Temperatur dünsten, bis er gar ist, aber nicht auseinanderfällt. Fisch in eine Schüssel geben. Die aufgefangene Brühe mit dem Rest der Zwiebelringe, Lorbeerblättern, Essig, Gewürzen, Limonenscheiben und Honig mischen. Diese Mixtur aufkochen und über den Fisch gießen. Im Kühlschrank einen Tag ziehen lassen. Schmeckt gut zu Weizenvollkornbrot, Käse und Früchten.

Pökelfisch-Gemüse-Suppe

In der Antike war getrockneter und gesalzener Fisch ein Hauptnahrungsmittel. Aus ihm läßt sich eine ausgezeichnete und praktische Brühe für Suppen herstellen.

2,4 ltr kochendes Wasser
225 g gesalzener Fisch (Kabeljau, auch Dorsch genannt)
2 EL Olivenöl
2 zerdrückte Knoblauchzehen
2 EL getrocknete Kräuter (Thymian, Senfkörner, Minze, Pfeffer, Kümmel, Koriander, Lorbeerblätter)
225 g gehackte Zwiebeln
225 g weiße Rüben in Scheiben
225 g grüne Erbsen
225 g geraspelter Kohl
125 g Möhren in Scheiben
125 g Bulgur

600 ml kochendes Wasser über den getrockneten Fisch gießen und 15 Minuten ruhen lassen, bis der Fisch weich ist. Wasser abgießen und den Fisch unter fließendem Wasser abspülen. Den Fisch in kleine Stücke schneiden und die Gräten entfernen. Olivenöl in einem Suppentopf erhitzen und Fisch und Zwiebeln unter ständigem Rühren anbraten. Knoblauch und Gewürze hinzufügen und unter Rühren anbraten. Gemüse dazugeben und einige Minuten wenden. Bulgur und 1,8 ltr kochendes Wasser zugeben. Den Topf mit einem Deckel verschließen und 20 Minuten leicht kochen lassen, bis das Gemüse gar, aber noch bißfest ist. Mit Matzen, gepreßtem Korianderkäse, Rosinen und Graupen servieren. Aprikosenpudding als Dessert.

Tabbouleh-Kabeljau-Frikadellen

450 g getrockneten, gesalzenen Fisch (Kabeljau, auch Dorsch genannt)
1,8 ltr kochendes Wasser
450 g Tabbouleh (kleinkörniger Bulgur)
3 EL Petersilie
2 kleine, feingeschnittene Zwiebeln
2 geschlagene Eier
2 TL Kümmel
70 ml Öl

Fisch in eine Schüssel legen und mit 600 ml kochendem Wasser überbrühen. Tabbouleh in einer getrennten Schüssel mit 1,2 ltr kochendem Wasser übergießen. Beides eine Stunde einweichen lassen.

Fischhaut und alle Gräten entfernen. Fisch in sehr kleine Stückchen zerlegen. Tabbouleh abtropfen lassen und überflüssiges Wasser ausdrücken. Fisch, Bulgur, Petersilie, Zwiebeln, Eier und Kümmel miteinander vermischen. Mit dem Pürierstab zu einer feinen Masse verarbeiten. Daraus Bällchen oder Taler formen und in Öl braten, bis sich eine goldbraune Kruste bildet. Vorsichtig wenden. Mit heißer Knoblauchbutter (siehe Seite 19) servieren. Dazu paßt die Suppe aus drei Sorten von Hülsenfrüchten, Lauch und Kohl sowie Fenchelkuchen zum Nachtisch.

Tabbouleh-Kabeljau-Frikadellen und Pökelfisch-Gemüse-Suppe

Fermentierte Fischsoßen werden in fast allen Kochrezepten des römischen Gourmets Apicius erwähnt. Viele vergleichbare Produkte werden heute in asiatischen Läden angeboten. Die Sardellensoße, die in der thailändischen und vietnamesischen Küche verwendet wird, ist wahrscheinlich der Fischsoße der alten Römer sehr ähnlich. Fragen Sie nach „Nuoc Nam" oder einfach nach „Fischsoße". Wenn Sie Fischsoße verwenden, reduzieren Sie das Salz oder lassen es ganz weg; kleine Mengen dieser Soße runden jede Feinschmeckersoße ab. Das lateinische Wort *garum* entspricht dem griechischen Wort für Shrimps und läßt vermuten, daß Shrimps Hauptbestandteil einer Variante dieser Würze sind. Die orientalischen Shrimpspasten oder sogar die chinesischen Austernsoßen könnten Nachfolger der alten Fischsoßen sein.

Soßen aus fermentiertem Fisch wurden mit Kräutern, Gemüse, Wein, Fruchtzucker und exotischen Gewürzen verfeinert. Wem diese Zusammenstellung merkwürdig klingt, lese einmal die Zutatenliste auf einer Flasche mit Worcester-Soße. Diese englische Spezialität ist ein spätes Erbe der feinen römischen Fischsoßen und verdeutlicht hervorragend, wie sich der Fischgeschmack in ein würziges, aber sehr angenehmes Aroma verwandelt.

Sollte bei Ihnen keine orientalische Fischsoße erhältlich sein, stellen Sie einfach Ihre eigene her.

Fischsoße

50 g Sardellen aus der Dose

220 ml Wein oder Wasser (oder ein Gemisch aus beidem)

Sardellen und Wein in einem kleinen Topf 10 Minuten köcheln lassen. Die Soße im Mixer pürieren und durchsieben. In den Kühlschrank stellen.

Zu den Rezepten Römischer Rinderbraten mit Ingwer und Zwiebeln, Süß-salzige Eier, gegrillte Hähnchen mit Pfefferminz-Knoblauch-Marinade, Römischer Kohl-Gemüse-Auflauf sowie Lauch und Kohl gehört die oben beschriebene Fischsoße.

Süß-salzige Eier mit Fischsoße

Obst und Gemüse

„Und Gott sprach: Sehet da, ich habe euch gegeben alle Pflanzen, die Samen bringen, auf der ganzen Erde, und alle Bäume mit Früchten, die Samen bringen, zu eurer Speise."
1. Mose 1,29

Gott hatte Früchte und Gemüse als Nahrungsmittel für den Menschen im Garten Eden vorgesehen. Noch heute berufen sich religiöse Vegetarier in ihrer Einstellung auf diese Beschreibung vom Paradies.

In der Bibel werden über hundert Pflanzen mit Namen genannt. Begriffe wie „Erstlingsfrüchte" (2. Mose 22,19) beinhalteten den ganzen Erntesegen: Getreide und Gemüse, aber auch Feigen, Trauben und Granatäpfel, die den Reichtum an Früchten im Heiligen Land ahnen lassen.

Ursprüngliche Arten

Viele Gemüsesorten, die wir heute genießen, sind Weiterentwicklungen der primitiven Obst- und Gemüsearten, die unsere Vorfahren aßen. Die jüdischen Schriften sind hinsichtlich der damals gängigen Gemüsesorten und Früchte ziemlich ungenau. Darum stammen viele unserer Informationen aus Ägypten, Mesopotamien und späteren römischen und griechischen Berichten. Pflanzen mit eßbaren Stengeln werden in den hebräischen Schriften einfach als Kräuter bezeichnet, obwohl dazu Sellerie, Spargel und Rote Bete, aber auch Gewürze wie Kümmel, Wacholder und Lorbeer zählen. Im Neuen Testament werden sechs Gemüsearten besonders genannt: Senf, Distel, Minze, Raute, Dill und Getreidesprossen.

Früchte nehmen in der Bibel einen breiteren Raum ein als Gemüse. Es gab diverse Trauben-, Feigen- und Granatapfelsorten. Ein altes Bild für Frieden und irdisches Glück ist der Besitz von einem Weinstock und einem Feigenbaum (Jesaja 36,16). Die Menschen brauchten viel Geschick und Geduld, um die Qualität von Obst und Gemüse zu verbessern. Daraus ergaben sich die Metaphern von Geduld, hegen und pflegen, Lieblichkeit, Gelingen und Mißerfolg. Jesus bezog sich in seinen Gleichnissen mehrfach auf den Feigen- und Weinanbau.

Runde Früchte

Das Wort Apfel war ein allgemeiner Begriff für verschiedene runde Früchte wie Goldäpfel (Aprikosen), Mostäpfel (Quitten) und Persische Äpfel (Zitronen). Kirschen, Aprikosen, Pfirsiche und Pflaumen kamen über Persien und Mesopotamien ins Gelobte Land.

Die Ausschweifungen durch übermäßigen Weingenuß werden in den Berichten der Bibel nicht verschwiegen. Gelehrte haben deshalb sogar vermutet, daß die verbotene Frucht im Garten Eden eine Weintraube gewesen ist. Sollte Alkohol den Menschen zur Sünde verführt haben, dann war daran nicht allein die Weintraube schuld, denn unsere Vorväter waren Profis in der Herstellung von berauschenden Getränken aus Feigen, Datteln und Getreide. Wein wurde im allgemeinen mit Wasser verdünnt und oft mit Zimt, Honig und Kräutern gewürzt.

Das lateinische Kochbuch des Apicius beschreibt ausgeklügelte Gemüsegerichte und pikante Früchtekompotts. Salate aus Blättern und Kräutern wurden, wie der römische Salat Romana, normalerweise mit Öl und Essig angemacht. Außerdem waren kandierte Gemüse sehr populär. Früchte wurden manchmal in Honig und Traubensirup haltbar gemacht. Auch in Salzwasser und Essig eingelegte Nahrungsmittel waren im Altertum wohl bekannt, und eingelegte Gewürzgurken sind so alt wie die Pyramiden.

Arabische Bäuerinnen verkaufen frisches Gemüse auf dem Markt von Bethlehem.

Römischer Spargel

Nach einem Rezept aus dem ersten Jahrhundert wurde der Spargel weder gedämpft noch gekocht, sondern fein zerkleinert. Die Römer nannten dieses Gericht eine *patina.*

1,4 kg frischer Spargel
300 ml Weißwein
3 gehackte Frühlingszwiebeln
2 EL Olivenöl
etwas Selleriesamen und Bohnenkraut
150 ml Rinder-, Hühner- oder Gemüsebrühe
1 EL Butter
3 geschlagene Eier
Salz und Pfeffer nach Geschmack
frische Korianderblätter

Frischen Spargel im Mixer zerkleinern, bis sich eine feste Masse bildet, und mit der Hälfte des Weißweins beträufeln. Schalotten in einem EL Olivenöl glasig braten. Selleriesamen und Bohnenkraut hinzufügen und kurz umrühren. Spargel, Brühe, Öl, Butter und Wein mit den Zwiebeln verrühren, dabei leicht kochen lassen. Wenn die Masse zu schäumen beginnt, Eier unterziehen und Hitze abschalten. Salzen und pfeffern. Bei Bedarf mit Wein oder Brühe verdünnen. Mit frischen Korianderblättern garnieren und mit warmen Pitas (Brottaschen) servieren.

Kandierte rote Bete

In der Alten Welt waren kandierte Gemüse sehr beliebt. Die leuchtend roten, konservierten Knollen der roten Bete wurden traditionell zu Rosh Hashanah gegessen, dem jüdischen Neujahrsfest im Herbst. Sie sollten ein frohes neues Jahr versprechen.

1,8 kg geviertelte rote Bete
1 TL Salz
900 g Honig
5 TL gemahlener Ingwer
150 ml Wasser
2 Limetten in dünnen Scheiben
450 g Walnüsse oder Mandeln (grob gehackt)

In einem großen Topf rote Bete, mit Salzwasser gut bedeckt, kochen, bis sie fast weich ist. Abgießen, abkühlen lassen, abziehen und in Streifen oder Würfel schneiden. In einem großen Topf Honig, Ingwer und 150 ml Wasser mischen. Zum Kochen bringen und rote Bete mit Limettenscheiben in den Sud geben. Hitze reduzieren und etwa 1 Stunde leicht kochen, bis die rote Bete durchsichtig wird und die Kochflüssigkeit stark eingedickt ist. Nüsse zufügen und weitere 5 Minuten kochen lassen. Alles in sterilisierte Einmachgläser füllen. An einem kühlen, dunklen Ort lagern oder im Kühlschrank aufbewahren. Diese rote Bete läßt sich übrigens auch einfrieren. Rezept ergibt 7 Gläser à 225 g. Schmeckt zu Pute, Huhn oder römischem Schinken.

Römischer Kohlauflauf

Alle Kohlsorten gehören zur Familie der Kreuzblütler, weil die Anordnung ihrer Blütenblätter, von oben gesehen, die Form eines Kreuzes darstellt. Sie waren beim römischen Volk zur Kaiserzeit sehr beliebt.

1 kleine, gehackte Zwiebel
1 zerbröseltes Lorbeerblatt
2 EL Olivenöl
1–2 Knoblauchzehen
225 g Rotkohl
225 g Weißkohl
450 g Grünkohl
1 Kopf Brokkoli
1 Quitte oder ein saurer Apfel
50 g gehackte Petersilie
450 ml trockener Weißwein oder Apfelsaft
1 EL Honig (bei der Verwendung von Apfelsaft weniger)
1 EL Fischsoße (siehe Seite 66)
Salz nach Geschmack

In einer großen Pfanne Zwiebeln und das zerbröselte Lorbeerblatt in Olivenöl anbraten, bis die Zwiebel glasig ist. Knoblauch ganz kurz mitbräunen. Die grob geschnittenen Kohlsorten 5 Minuten mitschmoren, dann alle anderen Zutaten untermengen. Alles in eine feuerfeste Form geben, bei 180 °C 1 Stunde backen. Die Backzeit läßt sich, je nachdem wie weich das Gemüse werden soll, verlängern oder verkürzen. Noch 10 Minuten im abgeschalteten Ofen lassen, dann servieren.

Artischockenherzen mit Spinat und Doppelrahm-Frischkäse

350 g Doppelrahm-Frischkäse (Raumtemperatur)
70 ml Milch
3 Schalotten, fein gehackt
1 EL Butter
350 g gekochter Spinat, gehackt und gut abgetropft (auch tiefgefroren)
350 g gekochte Artischockenherzen
1/8 TL getrockneter Thymian oder 1/4 TL frischer Thymian
Salz und Pfeffer nach Geschmack

Frischkäse und Milch in einer Auflaufform verrühren und zur Seite stellen. In einer kleinen Pfanne Schalotten in Butter goldgelb braten. Zwiebeln, Spinat, Artischockenherzen, Thymian, Salz und Pfeffer in der Auflaufform unter die Frischkäsemischung heben. Die Form abdecken und 30 Minuten bei 180 °C backen, bis der Käse schäumt. Mit Vollkorntoast und Obstsalat zu Tisch geben.

Artischockensuppe

1 kg Artischocken
1 große, gehackte Zwiebel
2 EL Oliven oder Pflanzenöl
4 EL Weizenvollkornmehl
2,4 ltr Hühner- oder Rindfleischbrühe (falls Bouillonwürfel verwendet werden, Salz weglassen)
2 TL Salz
3 EL Essig
Korianderblätter

Artischockenherzen mit Spinat und Doppelrahm-Frischkäse (oben) und Römischer Kohlauflauf (unten)

Artischocken waschen und große, stachlige Stengel und harte Außenblätter entfernen. In kleine Stücke schneiden. In einem großen Suppentopf Zwiebel in Öl glasig dünsten. Artischockenstücke in den Topf geben und umrühren. Mit Mehl bestäuben und 3 Minuten ununterbrochen rühren. Mit Brühe, Salz und Essig aufgießen und zugedeckt 1 1/2 Stunden leicht kochen, bis die Artischockenstücke weich sind. Mit Korianderblättern garnieren.

Überbackener Staudensellerie mit Fenchel

Staudensellerie und sein Verwandter, der Fenchel, stammen vermutlich aus Ägypten. Dort bezeichnete man sie als „die Türsteher des Himmels". Fenchel gibt dem in unseren Breitengraden bekannteren Sellerie eine besondere Note.

4 Fenchelknollen, in 15 mm große Stücke geschnitten
3 Bund Staudensellerie, in 15 mm große Stücke geschnitten
3 EL Butter
4 EL Olivenöl
Salz nach Geschmack
Kümmel (nach Belieben)

Fenchel und Staudensellerie in Butter und Olivenöl anbraten. In eine Auflaufform füllen, abdecken und 30 bis 45 Minuten im vorgeheizten Ofen bei 180 °C backen. Mit Salz abschmecken und mit Kümmel bestreuen.

Gurken mit Graupen und Rosinen gefüllt

„... eine Hütte im Gurkenfeld..."
Jesaja 1,8

6 mittelgroße Gurken
1 gehackte Zwiebel
2 EL Olivenöl
225 g gekochte Gerste (siehe Rezept Seite 21)
225 g Rosinen, in Wasser 1 Stunde eingeweicht und abgetropft
1 EL Essig
2 EL frische oder 2 EL getrocknete Minze
1/4 TL Zimt
Salz und Pfeffer nach Geschmack
450 ml Wasser
7 EL Knoblauch-Minze-Würze (nach Belieben; siehe unten)

Die Gurken der Länge nach aufschneiden und aushöhlen. Gurken nur schälen, wenn sie gespritzt sind. Zwiebeln in Öl goldgelb braten. Graupen, eingeweichte Rosinen, Essig, Minze und Zimt zu den Zwiebeln in die Pfanne geben. Alles salzen und pfeffern. Die Gurken mit dem Graupen-Rosinen-Gemisch füllen und in einen großen, flachen Topf legen. Mit Wasser angießen, Deckel auflegen und zum Kochen bringen. 35 Minuten köcheln lassen, bis die Gurken weich sind. Mit Knoblauch-Minze-Würze nach Wunsch garnieren.

Mit dieser Mischung lassen sich auch Quitten, Äpfel und Fenchelknollen füllen und auf die gleiche Weise garen.

KNOBLAUCH-MINZE-WÜRZE

3 Knoblauchzehen
4 EL frische oder 4 TL getrocknete Minze
1 TL Salz
2 EL Essig

Knoblauch, Minze und Salz mit dem Stößel im Mörser zerkleinern oder in einer kleinen Schüssel mit der Gabel zerdrücken, danach mit Essig verrühren. Vor dem Servieren über gefülltes Gemüse streichen.

Rotkohl mit Rosinen

Apicius, der römische Gourmet, empfiehlt folgende Zusammenstellung:

125 g Rosinen
150 ml Apfel- oder Traubensaft
1 Rotkohl
3 EL Essig
1 EL Honig
etwas Zimt
Salz und Pfeffer nach Geschmack
1 EL Butter (nach Belieben)

Rosinen im Fruchtsaft mindestens 2 Stunden einweichen. Den Kohl schneiden; dabei den Strunk entfernen. Die Fettpfanne des Backofens einölen und Rotkohl darauf ausbreiten. Mit Essig beträufeln, abdecken und bei 180 °C 30 Minuten backen. Die Rosinen, den Fruchsaft, Honig und Zimt hinzufügen. Nochmals ca. 15 Minuten backen, je nachdem, ob der Kohl lieber weicher oder bißfest gegessen wird. Nach Geschmack salzen und pfeffern. Alternativ den Kohl in einem Topf kurz in Butter anbraten. Zudecken und 15 Minuten schmoren, dabei gelegentlich umrühren. Mit den übrigen Zutaten weitere 20 Minuten leicht kochen lassen.

Chicorée mit Oliven und Rosinen

Diese unübliche Gemüsekombination umfaßt drei Nahrungsmittel, die im Heiligen Land reichlich vorhanden sind. Anstelle von Chicorée können auch andere grüne Gemüse wie Spinat, Endivien oder Radicchio verwendet werden.

4 Knoblauchzehen
100 ml Olivenöl
1 kg Chicorée, in mundgerechten Stücken
150 ml Hühnerbrühe
50 g Rosinen
50 g entsteinte und zerkleinerte Oliven in Öl
2 EL Kapern
geröstete Mandeln
Salz nach Geschmack

In einer großen Pfanne die Knoblauchzehen in Öl goldgelb anbraten. Knoblauchzehen entfernen. Chicorée in die Pfanne geben und weitere 5 Minuten anbraten. Mit Hühnerbrühe, Rosinen, Oliven und Kapern 15 Minuten köcheln lassen, dabei häufig umrühren. Vor dem Salzen kosten, denn die Oliven können recht salzig sein. Mit Mandeln garnieren.

Chicorée mit Oliven und Rosinen (oben) und überbackener Staudensellerie mit Fenchel (unten)

Biblische Kräutersuppe oder Suppe der Sieben Leiden

Sieben bittere Kräuter gehören zu dieser Suppe. Sie symbolisieren die Sieben Leiden Marias, der Mutter Jesu. Das Festmahl der Sieben Leiden, eine alte Tradition, wurde am sechsten Freitag der Fastenzeit gehalten.

70 ml Olivenöl
50 g Weizenvollkornmehl
2 große, gehackte Zwiebeln
2 Knoblauchzehen
1 Bund Petersilie
1 Bund Rettichgrün
225 g Sauerampfer oder 1 Bund Spinat
1 großer Chicorée
1 Bund Senfkraut (evtl. genügt auch 1/2 Bund)
1 Bund Rübenstengel (evtl. genügt auch 1/2 Bund)
1 Büschel Koriander
(anstelle der aufgelisteten Kräuter können auch das Grün der roten Bete, Mangold, Grünkohl, Möhrenkraut o. a. verwendet werden)
1,8 ltr Wasser
1 TL Salz
1 EL Essig (nach Belieben)

Öl in einem Suppentopf erhitzen und langsam Mehl einrühren. Das Mehl anbräunen, bis es dunkelbraun ist. Zwiebeln und Knoblauch hinzugeben und bei niedriger Temperatur so lange unter ständigem Rühren anbräunen, bis sie weich sind. Das Grünzeug waschen, kleinschneiden oder -reißen. In den Suppentopf geben und mit der Flüssigkeit auffüllen. (Sie sollte das Gemüse bedecken.) Bei Bedarf Wasser nachgießen. Salzen. Mindestens 30 Minuten köcheln lassen. Abschmecken und nach Belieben mit Essig und Salz nachwürzen. Sauerampferbrühe – im Reformhaus erhältlich – kann das Wasser und den Sauerampfer zum Teil ersetzen.

Die genaue Kochzeit richtet sich nach Ihrem persönlichen Geschmack. Diese streng schmeckenden Gemüse werden jedoch gern gar gegessen. Zwei Stunden Kochzeit ist normalerweise ausreichend. Croutons passen sehr gut zu dieser Suppe.

Mit Brot und Käse ist dieses Gericht eine gute, leichte Mahlzeit. Obwohl die Suppe traditionell rein vegetarisch ist, geben Schinkenknochen, Rind- oder Hühnerfleisch und die entsprechenden Brühen der Suppe einen ausgezeichneten, herzhaften Geschmack.

Lauch und Kohl

Im alten Ägypten war Lauch offensichtlich die beliebteste Zwiebelsorte. Auch in der Medizin war Lauch von Bedeutung. Wie in einer alten Papyrusrolle vermerkt, wurde Lauch zur Behandlung von Menschenbissen vorgeschlagen. Lauch ist immer noch im ganzen Mittelmeerraum beliebt und gedeiht vorzüglich im eigenen Garten.

1,4 ltr Salzwasser
Salz und Pfeffer nach Geschmack
1 Weißkohl, geviertelt
4–6 Lauchstangen
1 EL Fischsoße (siehe Seite 66)
1 TL Kümmel
1 TL Dill
1 TL Koriander
1 EL Olivenöl
1 EL Essig

Das Salzwasser zum Kochen bringen. Die Kohlviertel und Lauchstangen 10 Minuten blanchieren. Abtropfen und in grobe Stücke schneiden. Die restlichen Zutaten mischen und in einen geölten Bräter geben. 20 Minuten bei 180 °C backen. Zu Lamm oder gegrilltem Hühnchen reichen. Es kann auch römischer Salat Romana statt Kohl verwendet werden.

Gegrillte Lauchstangen und Frühlingszwiebeln

Im Heiligen Land waren viele Gegenden für ihre guten Zwiebeln bekannt. Die Stadt Ashkelon verdankt ihren Namen den beliebten Zwiebeln, „scallions", also Schalotten (Frühlinszwiebeln).

3–6 Frühlingszwiebeln pro Person oder 2–4 Lauchstangen pro Person
Olivenöl

Die sauber gepellten, ganzen Frühlingszwiebeln und/oder gesäuberten Lauchstangen mit Olivenöl einpinseln und auf einen Grill über einem Kohlefeuer legen, abseits der direkten Flammen. Manche lieben die Zwiebeln knackig, aber wir meinen, eine perfekt gegrillte Zwiebel ist weich und durchgekocht, mit kleinen, dunkelbraunen Flecken. Lauch braucht eine längere Garzeit auf dem Grill. Beides eignet sich als köstliche Ergänzung zu jedem Grillgut, besonders zu Shish Kebabs. Fleisch und Zwiebeln in eine frische Pita (Brottasche) geben und mit einem scharfen Senf anbieten.

Honig-Zwiebel-Brot

Das Standardessen für Arbeiter in ihren Pausen war Brot mit Zwiebeln. Hier ist die köstliche Version einer sehr alten Kombination. Einen Tag vorher zubereiten.

2 große, milde Zwiebeln in Ringen
300 ml Wasser
50 g Honig
300 ml Mayonnaise
1 1/2 TL scharfer Senf
frisches Weizenvollkornbrot
225 g gehackte Petersilie
Salz und Pfeffer nach Geschmack.

Die Zwiebeln in eine Schüssel legen. Damit die Zwiebeln knackig werden, in den Kühlschrank stellen und eine Eisschicht auf die Zwiebelringe legen. In einem kleinen Topf Wasser und Honig zum Kochen bringen und über die Zwiebeln gießen. Mayonnaise und Senf mischen, auf Vollkornschnitten streichen und mit Zwiebeln belegen. Gehackte Petersilie über die vom Eis befreiten Zwiebeln streuen. Salz und Pfeffer nach Geschmack. Mit Fruchtsäften und einer Schüssel gerösteter Kichererbsen servieren, dazu Käse und Früchte aus biblischer Zeit.

Honig-Zwiebel-Brote (oben) und biblische Kräutersuppe oder Suppe der Sieben Leiden (unten)

Gebackene Zwiebeln

„... wir denken an die Fische, die wir in Ägypten umsonst aßen, und an ... den Lauch, die Zwiebeln und den Knoblauch.“
4. Mose 11,5

1 große Gemüsezwiebel pro Person

3 EL kräftige Brühe oder
1 Bouillonwürfel pro Zwiebel

große Kohlblätter (nach Belieben)

Jede Zwiebel pellen und die Spitze so abschneiden, daß sich ein Bouillonwürfel in die Zwiebel quetschen läßt. In Alufolie wickeln und 1 Stunde bei 180 °C backen. Alternativ einen Löffel Brühe auf jede Zwiebel gießen und vorsichtig einwickeln. Diese Zwiebeln schmecken köstlich, wenn sie in Kohlenglut gegart werden.

Backen in Kohlblättern: Die Zwiebeln wie oben mit Bouillonwürfeln oder Brühe vorbereiten. Jede Zwiebel in ein großes Kohlblatt wickeln und in eine Auflaufform legen. Zugedeckt 1 Stunde bei 180 °C backen. Diese kalorienarme Knolle anstelle von Kartoffeln reichen.

Im Ofen gebackenes Gemüse

In Mari, einer alten mesopotamischen Ausgrabungsstätte, wurden Schriftstücke gefunden, in denen verschiedene Pilzarten aufgezählt werden, die bereits 1800 vor Christus Bestandteil vieler Gerichte waren.

6 Staudensellerie

6 große Möhren

6 große Pastinaken oder
6 kleine, gelbe Sommerkürbisse

2 Fenchelknollen

12 große Champignons

3 EL Olivenöl

Kümmel, Salz nach Geschmack

Die Pilze mit einem feuchten Tuch abreiben. Das übrige Gemüse waschen, aber nicht schälen. Sellerie, Möhren, Pastinaken oder Kürbisse und Fenchelknollen in dicke Stücke schneiden. Alle Gemüsesorten in einer Schüssel mit Olivenöl übergießen und miteinander vermengen, bis sie alle mit Öl bedeckt sind. Auf ein Backblech legen, wobei die Gemüsestücke sich nicht berühren sollten. Leicht mit Kümmel bestreuen und nach Geschmack salzen. 30–40 Minuten bei 180 °C backen. Das Gemüse bekommt eine schöne braune Kruste, wenn es kurz unter den Grill geschoben wird. Es eignet sich als Vorspeise oder oder als Beilage zu einem Hauptgericht. Mit Joghurt und einigen TL Tahini kalt zubereitet, ergibt es einen gehaltvollen Salat. Andere Gemüsezusammenstellungen ausprobieren!

Sumerische Wasserkresse

Wasserkresse gehört zu den bitteren Kräutern, die in 2. Mose 12,8 genannt werden. In Ägypten wurden alte Samen von Wasserkresse gefunden. In den babylonischen Berichten wird Wasserkresse ebenfalls unter den wichtigen Pflanzen aufgelistet, und mit Sesam wurden in Mesopotamien viele Speisen garniert.

2 Büschel frische Wasserkresse

3 EL Sesam

150 ml Hühnerbrühe

1 EL Honig

1 EL Essig

etwas Kümmel

etwas Koriander

Salz

Wasserkresse waschen und von harten und schmutzigen Stielen befreien. Zu 4–6 Sträußchen zusammenfassen, pro Person 1 Strauß. Stiele zusammenlegen und mit einem Bindfaden umwickeln. Einen großen Topf Wasser zum Kochen bringen und die Sträußchen hineinwerfen. 2–3 Minuten blanchieren. Die Bündel mit kaltem Wasser abspülen und abkühlen. Das Wasser vorsichtig auspressen, so daß die Wasserkresse ihre Form wieder gewinnt, wenn die Bindfäden entfernt sind.

Sesam in einer Pfanne ohne Öl erhitzen. Dabei ständig rühren, damit er nicht anbrennt. Wenn die Samen aufgehen und springen, von der Platte nehmen und in einem Mörser oder einer Nußmühle zerkleinern. Mit Brühe, Honig, Essig, Kümmel, Koriander und Salz verquirlen. Alternativ die gerösteten Sesam-Samen mit den Dressing-Zutaten in einem Mixer zerkleinern. Das Dressing über die Wasserkresse gießen. Separat in Schüsselchen oder mit Fleisch, Geflügel oder Fisch servieren.

Frischer Feigen-Trauben-Salat

„Der Feigenbaum hat Knoten gewonnen, und die Rebe duftet mit ihren Blüten. Steh auf, meine Freundin, und komm, meine Schöne, komm her!“
Hohelied Salomos 2,13

1 Radicchio

15 frische, geviertelte Feigen

450 g kernlose Trauben,
auf Wunsch halbiert

PFEFFERMINZ-KAPERN-DRESSING

220 ml Olivenöl

70 ml Zitronensaft oder Essig

1 EL Kapern

1 EL frisch gehackte Minze

Salat waschen und abtropfen lassen. Salatblätter auf einzelne Teller verteilen, darauf die Feigen, dann die Trauben legen. Dressingzutaten miteinander verquirlen und über den Salat gießen.

Zwiebel-Oliven-Orangen-Salat

Man nimmt an, daß die Hebräer Zitrusfrüchte im ganzen Mittelmeerraum angebaut haben, obwohl das genaue Ursprungsland der Zitrusfrüchte nicht bekannt ist. Ethrog, eine besondere Zitrusfrucht, wurde schließlich in die rituellen Feierlichkeiten des herbstlichen Erntefestes Sukkoth integriert.

4 Orangen, geschält und entkernt,
in Stücke geschnitten

1 rote Zwiebel in Scheiben

225 g halbierte schwarze Oliven,
möglichst in Öl
(entsteint und zerkleinert)

Orangen, Zwiebel und Oliven miteinander miteinander vermengen und kaltstellen. Diese ungewöhnliche Zusammensetzung braucht kein Dressing.

Drei-Sprossen-Salat

„... und der Same geht auf und wächst..."
Markus 4,27

Dieser besondere Salat vereint die Zartheit der Linsen, die Süße des gekeimten Weizens und die Schärfe des Sesams mit Radicchio, ein Salat, der schon von den Menschen der Bibel angebaut wurde. Die Kombination von Hülsenfrucht, Getreide und Samen ist besonders bekömmlich, weil die Aminosäuren einander ergänzen und in dieser Zusammenstellung ein hervorragender Eiweißträger sind.

SALAT

50 g Linsen

125 g trockene Weizenkörner

2 EL Sesamsamen

etwa 12 Blätter römischer Salat Romana in mundgerechte Stücke gezupft

DRESSING

150 ml Olivenöl

70 ml Essig

1 EL Honig

1 zerdrückte Knoblauchzehe (nach Belieben)

4 Tage vor der Zubereitung des Salats die Linsen in Wasser einweichen und nach den unten angegebenen Anweisungen keimen lassen. Am nächsten Tag Weizenkörner und Sesam in getrennten Gefäßen einweichen. Anschließend wie unten angegeben verfahren. Wenn am vierten Tag alle Keime lang genug sind, werden sie mit dem Dressing vermischt und ein oder zwei Stunden darin mariniert. Den Salat kurz vor dem Servieren unterheben. Die marinierten Sprossen halten sich übrigens im Kühlschrank einige Tage.

KEIMLINGE ZIEHEN

Hülsenfrüchte und Getreide keimen zu lassen ist eine sehr alte Methode, den Speiseplan zu bereichern, besonders zu Zeiten, in denen frische Gemüse nicht zur Verfügung stehen. Beim Keimen werden Samen durch Feuchtigkeit schnell zum Wachsen gebracht; sie werden weich, beginnen mit dem Wachstum und erhöhen ihren Eiweiß- und Vitamingehalt.

Alle zur menschlichen Ernährung geeigneten Samen kann man keimen lassen, jedoch sollte man keine kommerziellen Gartensämereien verwenden, die in der Regel behandelt sind. Wie bei der Saat im Freien, so ist auch beim Keimen die Frische des Saatguts für den Erfolg entscheidend. Einige Samen aus dem Supermarkt, z. B. Linsen, können Sie ohne weiteres keimen lassen, aber andere Samen, wie ungeschälter Sesam, sind nur in Naturkostläden erhältlich.

Die Anweisungen zum Keimen entnehmen Sie bitte dem Brot-Rezept der Essener, Seite 38, und der nachfolgenden Tabelle. Verwenden Sie für jede Samenart ein eigenes Gefäß. Sprossen können im Kühlschrank in geschlossenen Behältern aufbewahrt werden, müssen allerdings täglich unter fließendem Wasser abgespült werden, damit sie frisch bleiben. Sie können dazu Marmeladengläser oder andere Dosen mit fest verschließbaren Deckeln verwenden. Die Keime schmecken in den ersten Tagen am besten, sie können aber auch bis zu einer Woche im Kühlschrank frisch bleiben.

Keimlinge passen zu Suppen, Salaten, Gemüsegerichten, im Brotteig, in Dips und in Brottaschen. (Siehe die Rezepte für Hesekiels Brot, das Brot der Essener und den Drei-Sprossen-Salat.)

ANWEISUNGEN ZUM KEIMEN

Getreide oder Hülsenfrüchte	*Anzahl der täglichen „Spülungen"*	*Keimlänge*	*Keimdauer*	*Ertrag von 225 g Samen*
ungeschälte Gerste	2–3	Samenlänge	3–4 Tage	450 g
Kichererbsen	4	12 mm	3	675 g
Linsen	3–4	7–25 mm	4	1,4–2,1 kg
ungeschälte Hirse	2–3	7 mm	3–4	450 g
ungeschälter Sesam	3–4	nicht länger als das Korn (sonst bitter)	3	175 g
Weizenkörner	2–3	nicht länger als das Korn (sonst bitter)	2–4	675 g

Weinblätter

Die Bibel erwähnt Weinblätter nur im Zusammenhang mit einem Verbot. Manoahs Frau durfte keine Weinblätter essen, während sie mit Samson schwanger war (Richter 13,14). Wein- und Feigenblätter wurden aber normalerweise gegessen.

40–200 frische Weinblätter
5 ltr Wasser
225 g normales Salz
225 g Pökelsalz

Weinblätter im Frühsommer pflücken. Stiele abschneiden und waschen, mit der Vorderseite nach oben zu je 20 Blatt stapeln. Zusammenrollen und mit Bindfäden umwickeln.

2,4 ltr Wasser mit 125 g Salz aufkochen. Die Weinblätterbündel einzeln in das kochende Wasser werfen. Erneut aufkochen lassen und 3 Minuten blanchieren. Die Bündel während des Blanchierens wenden. Aus dem Wasser nehmen und abtropfen lassen.

Eine Lake aus 600 ml Wasser und 125 g Pökelsalz bereiten. Die blanchierten Bündel in Marmeladengläser füllen und mit Lake übergießen. Mit Deckel luftdicht verschließen. Später Blätter vor Gebrauch unter fließendem Wasser abwaschen.

Alternativ die blanchierten Blätter in Gefrierbeutel füllen und tiefgefrieren. Weinblätter eignen sich ausgezeichnet als gefüllte Beilage zu Suppen, Eintöpfen und kurz gebratenem Fleisch.

Rosen-Apfel-Salat

„... er labt mich mit Äpfeln, denn ich bin krank vor Liebe."
Das Hohelied Salomos 2,5

5 große, herbe Äpfel (z. B. Granny Smith)
Saft einer Zitrone
4 EL Honig
2 TL Rosenwasser (auch mehr)
kandierte Rosenblätter
Pfefferminzblätter
Eiswürfel

Ungeschälte Äpfel auf einer feinen Reibe reiben. Mit Zitronensaft beträufeln, mit Honig süßen und Rosenwasser unterrühren. Kühlstellen. Vor dem Servieren mit Rosenblütenblättern und Pfefferminzblättern garnieren. Auf frischem Schnee oder Eis anrichten. Schmeckt gut zu gebratenem Lamm, Huhn oder gegrilltem Fisch. Als Imbiß paßt der Salat zu frischem Quark und Joghurtkäse mit Sauerteigbrot aus Weizen. Rosen-Apfel-Salat ist als Nachtisch oder Snack bei Kindern sehr beliebt.

Korianderwürze

„Ist das Gras geweidet und wiederum Grünes nachgewachsen und ist das Futter auf den Bergen gesammelt.."
Sprüche 27,25

1 Knoblauchzehe
225 g gehackte Korianderblätter
1/2 TL Kümmelpulver
1/2 TL Salz
1 EL Essig
225 g Joghurt oder 125 g gemahlene Walnüsse mit 150 ml Wasser vermischt

Knoblauch mit Koriander, Kümmel, Salz und Essig zusammen im Mörser zerdrücken oder in den Mixer geben. Mit Joghurt oder Walnüssen zu einer geschmeidigen Creme verrühren. Zu gegrillten Hühnchen, gebratenem Lamm oder gedünstetem Fisch servieren. Mit Mayonnaise vermischt wird ein köstlicher Brotaufstrich daraus.

Koriandersoße mit sauren Pflaumen

Diese Soße nach persischer Art läßt sich leicht im Mixer herstellen.

900 g frische Pflaumen
600 ml Wasser
1/4 TL Salz
3 EL gehackte Korianderblätter (auch mehr)
1 Knoblauchzehe
50 g Walnußkerne

Pflaumen entsteinen und in einem großen Topf mit Wasser und Salz 20 Minuten kochen. Gelegentlich umrühren und bei Bedarf Wasser nachfüllen. Herdplatte abstellen und abkühlen lassen. Soße mit Korianderblättern, Knoblauch und Walnußkernen in den Mixer geben und mixen, bis sie cremig ist. In den Kochtopf zurückgießen und aufkochen. Abkühlen lassen. Im Kühlschrank aufbewahren. Diese Soße eignet sich ausgezeichnet zum Marinieren und Beizen von Grillhähnchen und -fleisch.

Eingemachte Oliven

„Kann auch, liebe Brüder, ein Feigenbaum Oliven tragen...?"
Jakobus 3,12

900 g frische Oliven
7 ltr Wasser
150 g Pökelsalz
3 EL Olivenöl

Frische Oliven bekommt man vor allem im Herbst. Jede Olive mit einem Messer mehrfach einritzen oder mit einem flachen Gegenstand leicht zerquetschen, denn die Haut muß aufbrechen. Oliven in eine tiefe Schüssel geben und mit kaltem Wasser bedecken. Einen Teller auf die Oliven legen, damit sie unter Wasser bleiben. Vier Tage lang das Wasser täglich wechseln.

Aus 1,2 ltr Wasser eine Lake mit 150 g Pökelsalz anrühren. Oliven abtropfen lassen und in saubere, sterilisierte Gläser füllen. Oliven mit Lake randvoll bedecken. Etwas Olivenöl in jedes Glas tropfen, dann Gläser verschließen und mindestens 6 Wochen lagern. Vor dem Servieren Oliven mit kaltem Wasser abspülen. Weich gewordene Oliven wegwerfen!

GEWÜRZTE OLIVEN
Für gewürzte Oliven die Lake mit folgenden Zutaten anreichern:

2 Knoblauchzwiebeln, in Zehen zerteilt und gepellt
10–20 Senfkörner
10–20 Pfefferkörner

Desserts

„… nehmt von des Landes besten Früchten in eure Säcke und bringt dem Manne Geschenke hinab…"
1. Mose 43,11

Früchte, Nüsse und Gebäck galten in der Antike als Desserts.

Getrocknete Früchte und Nüsse gehörten zum allgemeinen Wintervorrat und wurden oft zusammen in Süßspeisen verarbeitet oder in Pasteten gefüllt. Die königlichen Konditoren konnten hervorragende Desserts zubereiten: kompliziert geformte Kuchen, gehaltvolle Puddings und sogar Fruchtsorbets aus Schnee, der aus den Bergen herbeigeholt wurde, um die verwöhnten Gaumen zu erfrischen.

Süßwarenhändler verkauften in den Basaren verlockende Leckereien.

Gesüßt würde am liebsten mit Honig. Allerdings hielt die Bienenzucht erst spät Einzug ins Gelobte Land, und darum gab es sehr lange nur wilden Honig. Wie die Bibel erzählt, war es ein Geschenk des Himmels und ein besonderes Glück, wenn man ein Bienenvolk mit seinem Honigvorrat fand. Honig wurde als ein wertvolles Nahrungsmittel von äußerster Reinheit und mit hohem Wert für Ernährung und Heilung betrachtet. Es war untersagt, Honig auf dem Altar zu verbrennen (3. Mose 2,11).

Der Honig im Felsen

Honig kommt in verschiedenen biblischen Geschichten vor. Mose besang den Honig, den er zwischen Felsen in der Wüste gefunden hatte (5. Mose 32,13). Simson fand einen Bienenschwarm in einem toten Löwen und konstruierte aus diesem ungewöhnlichen Vorfall ein Rätsel für die Philister (Richter 14,8–14). Jonathan aß Honig, der aus einer Wabe auf den Waldboden tropfte, und war sofort erfrischt. Allerdings ergaben sich daraus einige Schwierigkeiten für ihn (1. Samuel 14,24–29).

Zufällige Funde von wildem Honig konnten die Süßmäuler dieser Gegend kaum befriedigen. Datteln, Trauben, Johannisbrotfrüche und andere Früchte wurden daher zu dicken Sirups verkocht, die schmackhaft die verschiedensten Speisen versüßten. Süße Weine oder Rosinen, Datteln, Feigen und Trauben dienten dem gleichen Zweck. Süßes wurde nicht nur von Bienen gesammelt. Die flüssigen Honigtau-Ausscheidungen der Zikaden und anderer Insekten kondensieren schnell in der Hitze des Morgenlandes und hinterlassen einen süßen, körnigen Rückstand. Gelehrte vermuten, daß diese genießbare Substanz – das berühmte Manna – in 2. Mose Kapitel 16 sein könnte.

Zweimal wird in der Bibel von einem „köstlichen Gewürz" gesprochen, in Jesaja 43,24 und in Jeremia 6,20 (in anderen Übersetzungen auch von einem Würzrohr). Diese Bezeichnung kann sich auf den Papyrus beziehen, aus dem ein süßer Saft gewonnen wurde, wie die Melasse aus Zuckerrohr. Zu Jesu Zeiten wurden kleine Mengen Zucker, Riedhonig genannt, aus Indien eingeführt. Zucker wurde gegenüber dem Honig in jeder Hinsicht als minderwertig betrachtet, obwohl man ihm einige medizinische Wirkungen, z. B. als Verdauungshilfe, nachsagte. Die römischen Kochbücher des Apicius erwähnen „Zucker", auch „Indisches Salz" oder „Asiatischer Honig" genannt, nicht in der Liste der Zutaten.

Süßspeisen

Die Menschen im Altertum kannten sehr wohl die verschiedenen Geschmacksrichtungen und Qualitäten des Honigs. Seltene Sorten, wie Thymianhonig, waren besonders teuer. Gäste wurden mit Süßspeisen unter Verwendung erlesener Honigsorten geehrt; je edler die Honigsorte, um so größer die Ehre des Gastes.

Erst als die Bienenzucht durch die Griechen bekannt wurde, wurde auch der Honig erschwinglicher. Der hohe Status des Honigs verlor an Wert, und der beachtlich ansteigende Genuß von Süßspeisen führte zur Völlerei.

In den nachstehenden Rezepten werden Honig oder Fruchtsüßen aus Trauben, Datteln oder Johannisbrotfrüchten verwendet. Getrocknete Früchte und Nüsse bereichern den Geschmack, die Konsistenz und den Nährwert der Desserts.

Ein arabischer Händler an seinem Süßwarenstand auf dem Markt von Beersheba

Feigenbrot

Die Feige wird nicht generell in Obstbaumplantagen angepflanzt. Der Feigenbaum wächst in Israel zumeist allein oder neben Granatapfelbäumen. Einfache und nahrhafte Gerichte, wie im nachfolgenden Rezept beschrieben, brachte die Menschen zur Zeit der Bibel durch den Winter.

300 ml kochendes Wasser
225 g Bulgur
225 g gehackte Feigen (ersatzweise Datteln oder Rosinen)
1/4 TL Salz

Kochendes Wasser in einer großen Schüssel über den Bulgur gießen, eine Stunde weichen lassen, dann abtropfen. Gehackte Früchte und Salz zufügen. Im Mixer oder mit dem Pürierstab fein zerkleinern und Kugeln oder Taler aus der Masse formen. Soll das Feigenbrot warm gegessen werden, die Bulgur-Feigen-Masse zu einem Brotlaib formen und 30 Minuten bei 180 °C in einer geölten Brotform backen. Dieses Gebäck kann auch als Frühstücksbrot gegessen werden.

Honigkuchen

Die Bibel berichtet von Davids triumphalem Einzug mit der Bundeslande in Jerusalem (2. Samuel 6,13–21). Ein Volksfest wurde gefeiert, dabei getanzt und an alle Bürger Honigkuchen verteilt. Dies ist der Ursprung des Honigkuchens, der seither zu jedem Freudenfest, besonders zu Hochzeiten, gehört.

150 ml geschmolzene Butter oder Mandelöl
225 g Honig
3 Eier
900 g Weizenvollkornmehl
1 TL Zimt
1/4 TL Salz
150 ml Milch

In einer großen Schüssel Butter oder Öl mit dem Honig cremig rühren, Eier hinzufügen. Die trockenen Zutaten vermischen und im Wechsel mit Milch unter die Creme rühren. Den Teig in eine geölte Backform von 23 cm Länge füllen. 35 Minuten im vorgeheizten Ofen bei 180 °C backen. Mit Käsecreme, Joghurt-Käse oder Honigsoße bestreichen.

Feigentaschen

„Da eilte Abigail und nahm … zweihundert Feigenkuchen …"
1. Samuel 25,18

TEIG

175 g ungesalzene Butter
1,1 kg Weizenvollkornmehl
1 großes Ei
450 g Honig
3 1/2 EL Milch

FÜLLUNG

450 g getrocknete Feigen, fein gehackt
450 ml Wasser
125 g Honig
1/2 TL Zimt
1 EL Essig oder Zitronensaft
1 Ei (mit 1 EL Wasser verquirlen)

Für die Füllung die Feigen 15 Minuten in einem Topf in Wasser kochen. Mit Honig und Zimt weitere 30 Minuten oder länger kochen, dabei häufig umrühren, bis die Flüssigkeit dick wird. Essig oder Zitronensaft zufügen, im Topf abkühlen lassen.

Für den Teig Butter und Mehl in einer Schüssel verrühren. Ein Ei hineinschlagen, Honig und Milch dazugeben und den Teig zu einer großen Kugel formen. Mit Mehl bestäuben und in ein feuchtes Tuch wickeln. Mindestens 1 Stunde oder über Nacht kühl stellen.

Den Ofen auf 190 °C vorheizen. Teig in 4 Stücke teilen und mit dem feuchten Tuch bedecken. Auf einem bemehlten Backbrett jedes Stück zu einem großen Rechteck ausrollen und in 8 oder mehr Quadrate schneiden. Auf jedes Teigstück einen EL der Füllung geben und die Kanten mit Ei bestreichen. Zu einem Dreieck zusammenlegen und die Kanten festdrücken. Dreiecke auf ein geöltes Backblech legen, ihre Oberfläche mit der Gabel einstechen und mit dem verquirlten Ei bestreichen. 20 Minuten abbacken. Schmeckt gut als Snack oder zu Joghurt mit frischen Kräutern und Gurke und zu einem aromatischen Tee.

Feigenkuchen

„… und gaben ihm ein Stück Feigenkuchen …"
1. Samuel 30,12

225 g Butter
125 g Honig
675 g eingemachte Feigen (ersatzweise eingemachte Aprikosen)
5 Eigelb
675 g feingemahlenes Weizenvollkornmehl
300 g Dickmilch, Joghurt oder Buttermilch
225 g Walnüsse, gemahlen
225 g Rosinen
1 1/2 EL Zimt
5 Eiweiß, steif geschlagen

Butter und Honig cremig rühren, Feigen und Eigelb dazugeben und so lange schlagen, bis der Teig geschmeidig ist. Abwechselnd Mehl und Milch hineinrühren, Nüsse, Rosinen und Zimt unterheben und zuletzt das Eiweiß unterziehen. Teig in eine Springform füllen und bei 180 °C eine Stunde und 30 Minuten backen. Gartest: Mit einem Messer in die Mitte stechen. Läßt es sich sauber herausziehen, ist der Kuchen fertig. Auf Wunsch mit Honigsoße servieren.

Rosinenkuchen

„Er erquickt mich mit Traubenkuchen …"
Das Hohelied Salomos 2,5

4 Eier
125 g Honig
125 g feingemahlenes Weizenvollkornmehl
1/2 TL Salz
575 g gehackte Rosinen (ersatzweise Datteln oder Feigen)
225 g Mandeln
Schlagsahne

Ofen auf 180 °C vorheizen. Eier in einer großen Schüssel schaumig schlagen, nacheinander Honig, Mehl, Salz, Rosinen und Nüsse unterrühren. Den Kuchenteig in eine geölte Kastenform von 23 cm Länge geben. 30 bis 40 Minuten backen. Warm mit Schlagsahne servieren.

Feigentaschen

Honig-Wein-Kuchen

Eine besonders leichte und köstliche Variante des festlichen Honigkuchens.

5 Eigelb
125 g Honig
1 EL abgeriebene Orangenschale
125 g feingemahlenes Weizenvollkornmehl
1/2 TL Salz
150 ml süßer Weißwein
160 ml Olivenöl
7 Eiweiß

Ofen auf 190 °C vorheizen. In einer kleinen Schüssel Eigelb mit Honig fünf Minuten schlagen, Orangenschale zufügen.

In einer großen Schüssel das feine Mehl mit Salz mischen. Nach und nach die Eier-Honig-Creme mit dem Mehl verrühren. Im Wechsel Wein und Olivenöl in kleinen Mengen dazugießen. Dabei ständig rühren.

Eischnee sehr fest schlagen und unter den Kuchenteig heben. Den Boden einer Springform von 20 cm Durchmesser mit geöltem Pergamentpapier oder dickem Packpapier auslegen. Form und Papier gut einfetten. Teig in die Form gießen und 20 Minuten backen. Den Ofen abstellen und den Kuchen noch 10 Minuten dort lassen, da er sonst einfällt.

Kuchen aus dem Ofen holen. Umstürzen und Springform und Papier vorsichtig lösen. Mit Wein servieren. Im Kühlschrank aufheben.

Honigsoße

350 g Honig
1/8 TL Salz
1 Eiweiß

Honig und Salz bei 118 °C erhitzen, bis der Honig Fäden zieht und feste Kugeln bildet, wenn er in kaltes Wasser tropft. Das Eiweiß schlagen, dann den Sirup im dünnen Strahl über das geschlagene Eiweiß gießen. Weiter schlagen, bis die Soße Spitzen bildet.

Fenchelkuchen

„Und nimm mit dir… Kuchen und einen Krug mit Honig und geh zu ihm…“
1. Könige 14,3

1 TL Fenchelsamen
2 Eier
125 g Butter
575 g feingemahlenes Weizenvollkornmehl
1/2 TL Backpulver
eine Prise Salz
175 g Honig
1 geschlagenes Ei

Fenchelsamen 5 Minuten im Ofen bei 200 °C rösten. Zur Seite stellen. In einem Mixer Eier, Butter, Mehl, Backpulver, Salz und Honig gut mischen. Den Teig in eine mit Öl ausgepinselte Backform von 30 x 20 cm füllen. 20 Minuten in einem auf 180 °C vorgeheizten Ofen backen. Nach dem Backen sofort die Oberfläche mit dem geschlagenen Ei bestreichen und mit geröstetem Fenchelsamen bestreuen.

Safrankuchen

„… Narde und Safran… mit allen feinen Gewürzen.“
Das Hohelied Salomos 4,14

1/8 TL Safranfäden
300 ml Milch
400 g feingemahlenes Weizenvollkornmehl
400 g abgezogene Mandeln, fein gehackt
1/2 TL Backpulver
225 g Honig
etwas Salz
abgeriebene Schale einer Orange

Safran eine Stunde in Milch einweichen. In einer großen Schüssel Eigelb steif schlagen. Mehl, Mandeln und Salz in einer separaten Schüssel mischen. Das Backpulver unter die Safranmilch rühren. Abwechselnd nach und nach Mehl und Milch unter das Eigelb rühren. Honig und abgeriebene Orangenschale zufügen. In einer getrennten Schüssel Eiweiß mit einer Prise Salz zu steifem Schnee schlagen. 70 ml des Eischnees in den Teig rühren, damit er locker wird. Den restlichen Eischnee vorsichtig unterheben. In drei leicht geölte Kuchenformen von ca. 21 x 11 cm füllen. Bei 180 °C 45 Minuten backen. Aus dem Ofen nehmen und 30 Minuten auskühlen lassen. Die Kuchen aus den Formen lösen, auf einen Backrost stürzen und vollständig auskühlen lassen.

Passah-Gewürzkuchen

„… daß man sieben Tage lang keinen Sauerteig finde in euren Häusern. Denn wer gesäuertes Brot ißt, der soll ausgerottet werden aus der Gemeinde Israel.“
2. Mose 12,19

Aus der alten Passahvorschrift, während dieses Festes keinen Sauerteig zu essen, entwickelte sich der Brauch, zu Fest- und Feiertagen Kuchen und Gebäck aus Matzen-Mehl und Eiern zu backen.

225 g Honig
12 getrennte Eier
225 g Mandeln oder Walnüsse, gehackt
150 ml Wein
1 1/2 TL Zimt
350 g feines Matzen-Mehl oder fein zerriebene Kräcker

Ofen auf 170 °C vorheizen. In einem kleinen Topf vorsichtig Honig erwärmen. Eigelb, Mandeln, Wein, Zimt, Matzen-Mehl und den warmen Honig zu einem lockeren Teig verarbeiten. Das Eiweiß zu steifem Schnee schlagen und langsam unter den Kuchenteig heben. Den Teig in nicht gefettete Kasten- oder Brotformen von 23 oder 26 cm Länge füllen, eine Stunde backen. Gartest: Mit einem Messer in den Kuchen stechen. Bleibt kein Teig am Messer hängen, ist der Kuchen gar. Anderenfalls bis zu 10 Minuten weiterbacken.

Karob-Honigkuchen

Karobmehl wird aus der gemahlenen Fruchtschote des Karob-Baums gewonnen. Karob wird auch Johannisbrot genannt, denn die Legende erzählt, daß Johannes der Täufer sich in der Wüste nur von Karobschoten und Honig ernährte.

- **225 g feingemahlenes Weizenvollkornmehl**
- **125 g Karobmehl**
- **2 TL Zimt**
- **6 getrennte Eier**
- **150 g weiche Butter**
- **125 g Honig**
- **150 ml Wasser**
- **2 TL Wein oder Traubensaft**

Mehl, Karob und Zimt gut miteinander vermengen. Eigelb schlagen, Butter und Honig hinzufügen und gut verrühren. Wasser und Wein oder Traubensaft zur Eimasse geben, dann nach und nach das gemischte Mehl einrühren. Das Eiweiß zu steifem Schnee schlagen und vorsichtig unter den Teig ziehen. Nicht zu stark rühren.

Ofen auf 150 °C vorheizen. Karob darf nur bei niedriger Temperatur gebacken werden, da er leicht schwarz wird. Kuchenteig in eine geölte Springform mit 23 cm Durchmesser füllen und 1 ¼ Stunden abbacken oder in 2 Brotformen von 18 oder 20 cm Länge geben und 65 Minuten backen. Gartest: In die Mitte des Kuchens ein Messer stechen. Bleibt kein Teig am Messer hängen, ist der Kuchen gar. Wie alle Honigkuchen bleibt auch dieser Kuchen lange frisch.

Tortenboden aus Vollkornmehl

„…feinstes Mehl, das tägliche Speisopfer. In der Pfanne sollst du es mit Öl bereiten. In Stücke gebrochen sollst du es opfern…“
3. Mose 6,13–14

- **250 g Butter**
- **450 g Weizenvollkornmehl**
- **1 TL Salz**
- **4 EL kaltes Wasser**

Butter in Mehl und Salz mit den Händen krümelig drücken, Wasser zufügen und verkneten. Den Teig zu einer Kugel formen. Er kann sofort ausgerollt werden, er ist jedoch einfacher zu handhaben, wenn er 30 Minuten im Kühlschrank geruht hat.

Auf einem bemehlten Backbrett Teig zu einem Kreis, der etwas größer ist als die Kuchenform, ausrollen. Den Teigfladen vorsichtig in die geölte Bodenform legen. Teigrisse können zusammengedrückt werden.

Vorbereitung des Bodens für Honig-Käsekuchen: Teig mit der Gabel mehrfach einstechen, mit getrockneten Bohnen oder Kirschkernen belegen und 8 Minuten in einem auf 200 °C, vorgeheizten Ofen abbacken. Bohnen oder Kirschkerne entfernen und weitere 2 bis 3 Minuten backen. Den Boden noch 20 bis 30 Minuten im Ofen lassen, doch aufpassen, daß er nicht verbrennt.

Passah-Gewürzkuchen

Süße Hirsekugeln

Im mittleren Osten gab es früher kaum Messer oder Löffel. Darum waren Leckereien, die sich aus der Hand essen ließen, besonders beliebt. Die Kinder Israel wuschen übrigens ihre Hände vor jedem Gebet, und gebetet wurde vor jedem Essen.

350 g zerhackte Trockenfrüchte (Rosinen, Feigen, Aprikosen, Datteln) ca. 90 g von jeder Sorte ist eine gute Kombination
225 g gekochte Hirse (siehe Seite 21)
125 g gehackte Walnüsse
125 g gehackte oder gemahlene Mandeln

Wenn die Trockenfrüchte sehr trocken sind, eine Stunde in heißem Wasser zugedeckt weichen lassen. Gehackte Früchte – die jeweiligen Mengen lassen sich nach Geschmack variieren –, die gekochte Hirse und die Walnüsse gut miteinander vermengen. Die feste Masse zu Kugeln von etwa 25 mm Durchmesser formen und so lange zwischen den Händen rollen, bis sie geschmeidig sind. Zuletzt die Kugeln in gehackten oder gemahlenen Mandeln rollen. Die etwa 32 kleine Kugeln im Kühlschrank aufbewahren.

Ashurey

Als eine Taube mit einem Olivenblatt im Schnabel zur Arche zurückkehrte, wußten Noah und seine Familie, daß sich die Flut gelegt hatte (1. Mose 8,11). Nach einer Legende wurden daraufhin alle noch vorhandenen Lebensmittel zu einem süßen Pudding verarbeitet, dem sogenannten Ashurey.

225 g gekochte Kichererbsen (auch aus der Dose)
125 g Bulgur
50 g Hirse
50 g geschälte Gerste oder Perlgraupen
1,8 ltr Wasser
220 ml Milch
175 g Honig
1 EL Salz
50 g Rosinen
50 g Feigen, entstielt und geschnitten
50 g Datteln, entsteint und geschnitten
50 g getrocknete Aprikosenstücke
50 g gehackte Mandeln
50 g Walnußkerne
etwas Rosenwasser nach Geschmack
Joghurt oder Schlagsahne

Kichererbsen, Bulgur, Hirse und Gerste im Wasser 1 Stunde kochen oder so lange, bis die Gerste gar ist. Nun Milch, Honig, Salz, Rosinen, Feigen, Datteln und Aprikosen zufügen. Umrühren und 30 Minuten köcheln lassen. Zuletzt Mandeln, Walnüsse und Rosenwasser dazu geben, Hitze reduzieren und rühren. Heiß oder kalt mit Joghurt oder Schlagsahne servieren.

Rosinen-Gerste-Aprikosen-Pudding

„Dies ist der Ort, wo sie das Speisopfer backen sollen ..."
Hesekiel 46,20

225 g Perlgraupen
60 ml Wasser
125 g getrocknete Aprikosen
125 g helle Rosinen (Sultanien)
125 g dunkle Rosinen
50 g Honig
1/2 TL Ingwerpulver
1/4 TL Zimt
Joghurt

Gerste in 300 ml Wasser 30 Minuten kochen, dann abgießen. In einer großen Schüssel Aprikosen und Rosinen mit 300 ml Wasser bedecken und 10 Minuten weichen lassen. Die angekochte Gerste, den Honig und die Gewürze zu den Früchten geben und gut unterrühren. Die Mischung in eine geölte Backform füllen, mit Butterflöckchen belegen und bei 180 °C 40 Minuten backen. Warm oder kalt servieren und mit Joghurt bestreichen. Soll ungeschälte Gerste verwendet werden, das Getreide 45 Minuten vorkochen, 450 ml Apfelsaft zusätzlich zu der oben angegebenen Mischung geben und 1 1/2 Stunden backen. Auf Wunsch mit Joghurt servieren. Mit diesem Rezept kann unser Verlangen nach Süßem auf gesunde Weise gestillt werden. Es eignet sich ausgezeichnet als Frühstück.

Gebrannte Mandeln oder Nüsse

„Ich bin hinabgegangen in den Nußgarten ..."
Das Hohelied Salomos 6,1

175 g Honig
1 TL Fischsoße (siehe Seite 66)
1 EL Essig oder Zitronensaft
225 g ganze Mandeln oder Walnußhälften
Butter oder Öl zum Fritieren

Honig, Fischsoße und Essig oder Zitronensaft miteinander vermischen, die Nüsse mindestens 2 Stunden oder über Nacht darin marinieren. In einer kleinen Pfanne ausreichend Öl oder Butter erhitzen, so daß die Nüsse knapp bedeckt sind. Immer nur wenige Nüsse auf einmal goldgelb fritieren. Auf Küchenkrepp vom Fett befreien. Sie werden nach dem Dessert gereicht.

Pistazien-Mandel-Plätzchen

„... ein wenig Honig, Harz und Myrrhe, Nüsse und Mandeln."
1 Mose 43,11

450 g geschälte Mandeln
225 g geschälte Pistazien
150 ml Trauben- oder Apfelsaft
1/2 TL Zimt
225 g Honig
1 TL Salz

Nüsse in einem Mixer oder einer Mühle sehr fein mahlen, evtl. nicht alle auf einmal. Mit dem Fruchtsaft zu einer geschmeidigen Masse verrühren, dann Zimt, Honig und Salz zufügen. Den Teig löffelweise auf ein geöltes Backblech tropfen lassen. In einem vorgeheizten Ofen bei 150 °C 10 Minuten backen, bis sie goldgelb sind. Diese Plätzchen brennen leicht an, darum gut beobachten.

Rosinen-Gerste-Aprikosen-Pudding (oben) und Pistazien-Mandel-Plätzchen

Honigcreme

„Honig und Milch sind unter deiner Zunge…“
Das Hohelied Salomos 4,11

600 ml hochprozentige Sahne, Schmand, Saure Sahne, Crème fraiche oder purer Joghurt

50 g Honig (auf Wunsch auch mehr)

Sahne oder Joghurt in kleine Portionsschälchen füllen. Ein Honigglas rundreichen, damit jeder nach seinem eigenen Geschmack süßen kann. Lauwarm oder kalt, je nach Jahreszeit, servieren. Zur Zeit der Bibel gab es in jedem Haushalt kleine Holzschalen, in denen ausschließlich Milch und Honig als Abschluß einer Mahlzeit gereicht wurde.

Mandel-Honig-Paste

„Am nächsten Morgen fand er den Stab Aarons vom Hause Levi grünen und die Blüte aufgegangen und Mandeln tragen.“
4. Mose 17,23

600 ml kochendes Wasser

450 g Mandeln

5–8 EL Amaretto oder anderen Mandellikör

225 g Honig

300 ml Wasser

einige Tropfen Rosenöl (nach Belieben)

2 Eiweiß, zu festem Schnee geschlagen

Kochendes Wasser über die Mandeln gießen und abtropfen lassen, nun deren Haut abziehen. Mandeln im Mixer zu einer weichen, fettigen Masse zerkleinern. (Um diese Konsistenz zu erhalten, müssen die Mandeln mehrfach gemahlen werden.) Dann Amaretto oder anderen Likör unterrühren.

Honig und Wasser so weit erhitzen, bis ein Tropfen des heißen Sirups in einer Tasse mit kaltem Wasser eine weiche Kugel bildet (etwa 116 °C mit dem Thermometer gemessen). Die Mandelpaste nun mit dem Honigsirup verrühren. Den Topf von der Kochstelle nehmen und Eischnee unterheben. In Gläser abfüllen und in den Kühlschrank stellen. Eignet sich als Aufstrich für Brot und Kekse.

Mandel-Pistazien-Paste

Im oben genannten Rezept 125 g Mandeln durch 125 g Pistazien ersetzen. Die Honigmenge muß erhöht werden.

Pistazien-Sorbet

Bei den Banketts am persischen Königshof wurden die Gaumen zwischen den einzelnen Gängen mit Sorbets erfrischt.

2,4 ltr sauberer, lockerer Schnee

600 ml frischer Traubensaft

225 g Pistazienkerne, geschält

einige Tropfen Rosenwasser

2 EL Honig (nach Belieben)

Schnee in der Tiefkühltruhe aufbewahren. Traubensaft in einem kleinen Topf bis auf die Hälfte einkochen. Pistazien im Mixer zu einer Paste zerkleinern, mit Rosenwasser abschmecken und auf Wunsch mit Honig süßen. Nun die Nußmischung mit dem Traubensirup vermengen. Die abgekühlte Soße auf frische, saubere Schneehügel verteilen.

Kompott aus frischen Beeren

900 g frische Maulbeeren, gewaschen (ersatzweise Erdbeeren, Himbeeren oder Brombeeren)

50 g Honig

1/8 TL Salz

2 EL Essig oder Zitronensaft

300 ml Schlagsahne oder Joghurt (nach Belieben)

Die Hälfte der Beeren in einem Topf mit Honig, Salz und Saft in ca. 15 Minuten vorsichtig zu Mus kochen lassen, nach Belieben mit Honig nachsüßen. Das Mus vom Herd nehmen und 15 Minuten abkühlen, dann die restlichen frischen Beeren unterheben. Vor dem Servieren kühlstellen und auf Wunsch Schlagsahne oder Jogurt unterziehen.

Früchte und Käse zur Zeit der Bibel

Viele Nahrungsmittel, die in einer bestimmten Region gedeihen, ergänzen einander. So sind auch Ziegen- und Schafskäse eine wunderbare Ergänzung zu den Früchten, die im Land der Bibel wachsen.

- Arrangieren Sie Datteln, Aprikosen oder Feigen auf einem Tablett mit verschiedenen milden Ziegenkäsesorten.
- Gestalten Sie aus weißen Käsebällchen in Weinbeerengröße eine Traube, die Sie mit roten, grünen und dunkelblauen Weintrauben anbieten.
- Wassermelone und Schafskäse sind eine überraschend schmackhafte Kombination.
- Zuckermelonen und Zitrusfrüchte schmecken gut mit gewürztem oder mariniertem Käse.
- Formen Sie Quark zu einem Halbkugel und bestreuen ihn mit frischen Granatapfelkernen.
- Frische Früchte nach römischer Art mit schwarzem Pfeffer servieren. 450 Gramm schwarzer Pfeffer kostete zur römischen Kaiserzeit umgerechnet 180 DM und war als Kontrast zu dem lieblichen Geschmack der edlen, frischen Früchte sehr beliebt.
- Füllen Sie Datteln, Feigen und entsteinte Pflaumen mit Quark. Jede Frucht mit einer Mandel oder Pistazie verzieren.
- Milder Quark schmeckt gut auf frischem oder getoastetem Weizenvollkornbrot. Mit frischen Feigenscheiben oder frischen bzw. getrockneten Datteln belegen.
- Pita (Brottasche) mit Frischkäse und kernlosen Trauben oder Traubenhonig ist eine gesunde Zwischenmahlzeit für Kinder.
- Eine Melonenscheibe mit Joghurt-Käse bestreichen und gefrieren.
- Entsteinte Datteln oder Pflaumen mit Quark füllen, 5 Minuten fritieren und mit gerösteten Mandeln bestreuen. Dazu heiße Milch mit Honig und Zimt reichen.

Kompott aus frischen Beeren und Mandel-Honig-Paste (unten)

Die Fruchtsüßen der Antike: Traubenhonig und Mostrich

Traubenhonig, wie er in der antiken Welt verwendet wurde, ist mit ungezuckerten Marmeladen oder Gelees zu vergleichen. Werden Trauben zu einem breiigen Sirup verkocht, konzentriert sich der natürliche Fruchtzucker. Süße Trauben ergeben einen süßeren Sirup als unreife, saure Früchte, deren herbe Gelees sich ausgezeichnet als Beilage zu Wild und Geflügel eignen.

TRAUBENHONIG

900 g möglichst kernlose Weintrauben (entstielt)

150 ml Wasser

Trauben waschen und in einem Topf mit wenig Wasser zum Kochen bringen. 20 Minuten köcheln, bis die Trauben eingedickt sind. In Marmeladengläser füllen oder zum direkten Verzehr im Kühlschrank aufheben.

MOSTRICH

225 g Traubenhonig

1 TL trockene Senfkörner oder 2 TL fertiger Senf

Gemahlene Senfkörner und Traubenhonig ergeben den sogenannten Mostrich. Die o. g. Mengen sind Richtwerte. Versuchen Sie, ihre eigene Geschmacksrichtung herauszufinden. Auf Seite 42 ist ein weiteres Mostrich-Rezept beschrieben.

Feigen in Rotwein mit Sahne

„... mit Wein, Trauben und Feigen ...“
Nehemia 13,15

600 g süßer Rotwein

3 EL Honig

450 g getrocknete Feigen

300 ml Schlagsahne

gemahlener Zimt

In einem Topf Rotwein und Honig zum Kochen bringen. Feigen in den kochenden Wein legen und 1 Stunde köcheln, dann abkühlen lassen. Auf Wunsch mit flüssiger Schlagsahne servieren. Sahne mit Zimt bestäuben.

Feigen in Rotwein mit Sahne

Eingedickte Aprikosen

250 g getrocknete Aprikosen, grob gehackt

Wasser

In einem Topf die Aprikosen mit Wasser bedecken und köcheln lassen. Häufig umrühren, bis sich ein dicker Sirup bildet. Im Kühlschrank aufbewahren.

Dattel-Sirup

125 g entsteinte Datteln

150 ml Wasser

In einem Topf Datteln und Wasser bei geringer Hitze leicht kochen, bis die Datteln weich sind. Die Datteln im Wasser zerdrücken und so lange kochen, bis sich ein dicker Sirup bildet. Im Kühlschrank aufbewahren.

Haroseth

Dieses Passahgericht symbolisiert den Mörtel, den die jüdischen Sklaven zum Bau der ägyptischen Pyramiden benutzten.

675 g Äpfel, in Stücke geschnitten

175 g gehackte Mandeln oder Walnüsse

220 ml süßer Rotwein oder Traubensaft

1/2 TL Zimt

125 g gehackte Datteln

125 g Rosinen

Alle Zutaten miteinander vermengen und sofort servieren oder einige Stunden kühl stellen.

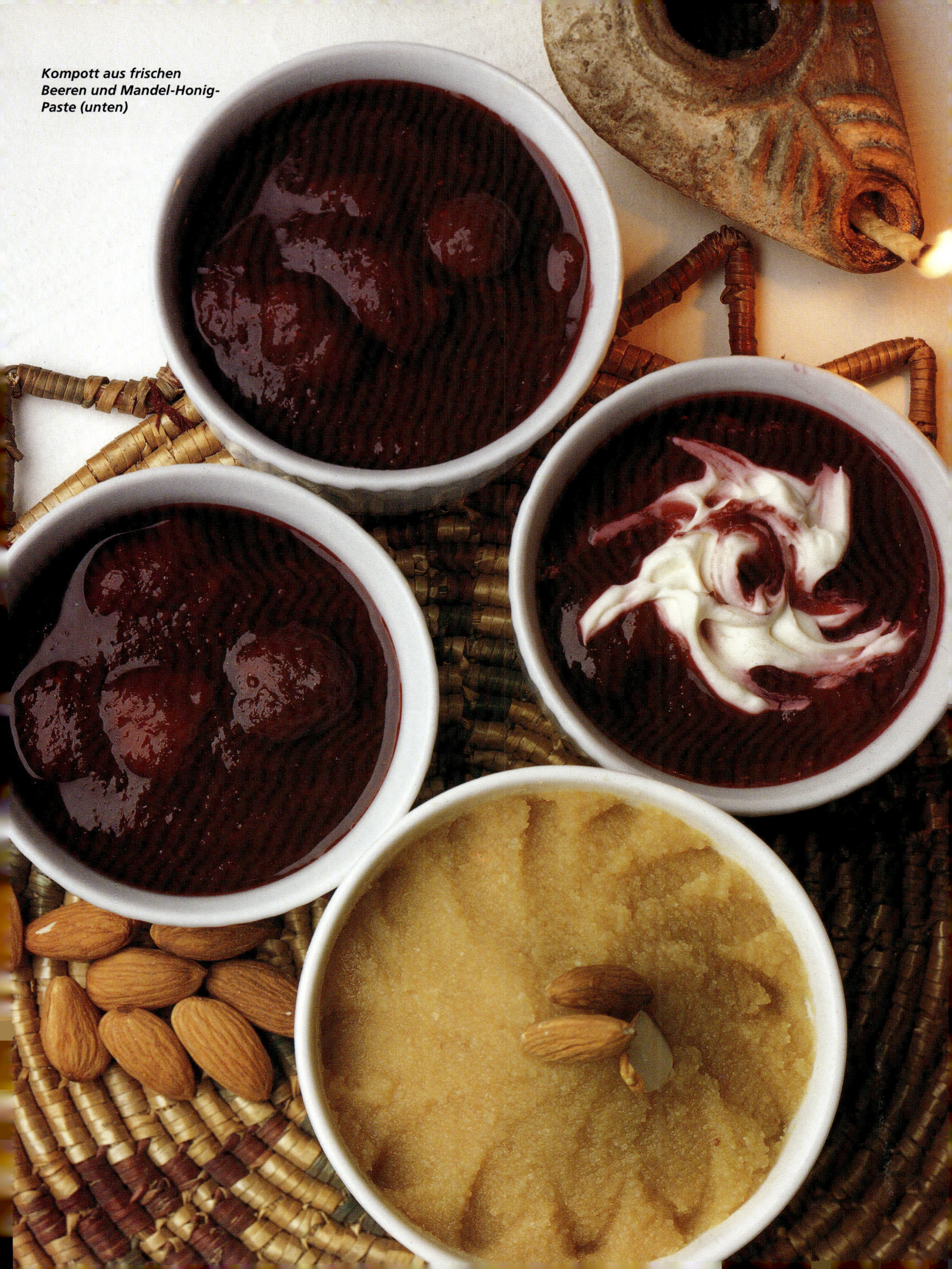

Menü-Vorschläge

Ägyptisches Bankett

Das ägyptische Reich bestand bereits über tausend Jahre, als Abraham und Sara am Hof des Pharao lebten (1. Mose 12). Die Ägypter ernährten sich gut, denn im feuchten Nildelta gab es viele Fische, Wasservögel und Gemüse (z. B. Lotus). Das gut bewässerte Niltal bot Getreide in Fülle. Ägypten wurde von vorausschauenden Ministern wie Josef (1. Mose 41) verwaltet und exportierte sein Getreide in die ganze damals bekannte Welt. Nach biblischer Berechnung lebten die Juden vierhundert Jahre in Ägypten.

Suppe aus drei verschiedenen Hülsenfrüchten
Hähnchen mit Nüssen
Ente in Traubensaft
Gebratener Fisch in Rettich-Soße
Gebackener Knoblauch
Feigen-Trauben-Salat
Gurken mit Gerste und Rosinen gefüllt
Sabbatbrot oder Challah
Sauerteig-Feigen-Rolle
Wassermelone

Fest für König Salomo

„Als aber die Königin von Saba alle Weisheit Salomos sah und das Haus, das er gebaut hatte, und die Speisen für seinen Tisch und die Rangordnung seiner Großen und das Aufwarten seiner Diener und ihre Kleider und seine Mundschenke und seine Brandopfer, die er dem Hause des Herrn opferte, geriet sie vor Staunen außer sich."
1. Könige 10, 4–5

Alle hier genannten Lebensmittel werden im Hohenlied Salomos besungen.

Gegrillte, marinierte Wachteln
Rehrücken mit scharfer Aprikosen-Soße
Lammseite mit Mostrich-Soße
Safran-Pilaw
Rotkraut mit Rosinen
Aprikosen-Rosinen-Brot
Grüner Salat
Frischer Feigen-Trauben-Salat
Safrankuchen
Glühwein mit Zimt

Babylonisches Bankett

„König Belsazar machte ein herrliches Mahl für seine tausend Mächtigen und soff sich voll mit ihnen."
Daniel 5,1

In den fruchtbaren Tälern des Euphrat und Tigris gab es viele Kleinstaaten, die unter dem Namen Mesopotamien zusammengefaßt waren. Dort liegt der Ursprung der Zivilisation. Die Nachkommen Noahs lebten in Sinear (1. Mose 11,2), und Abraham begann seine Wanderschaft mit Sara von Ur aus, der Hauptstadt Chaldäas (1. Mose 11,31). Von Zeit zu Zeit erhob sich eine Volksgruppe in Mesopotamien, wie die der Babylonier, und überfiel seine Nachbarn. In der Bibel wird in den Büchern 1. und 2. Chronik und 2. Könige berichtet, wie die Babylonier das Heilige Land eroberten. Sie begannen damit 840 vor Christus.

Unter den mesopotamischen Schriften befinden sich Listen von Gartenerzeugnissen aus den Gärten des Königs Merodach-Baladan, der zweimal in der Bibel erwähnt wird (Jesaja 39,1 und 2. Könige 20,12). Die Mesopotamier ernährten sich, mit ganz wenigen Ausnahmen, ähnlich wie die Hebräer. Sie waren sehr stolz auf ihr Bier, ein Getränk, das in der Bibel nicht erwähnt wird. Sie bauten viel Sesam an, sein Öl war in der Küche beliebt, und der Samen wurde im ganzen Volk zum Verfeinern und Garnieren von Speisen verwendet. Pistazien gab es in rauhen Mengen. Zartgrünes Pistazienholz zierte die königlichen Paläste. Auch Dattelpalmen waren weit verbreitet, sie spendeten Früchte, Wein, Holz und die köstlichen Palmherzen, die in Unmengen verzehrt wurden.

Gebratene Hähnchen
gefüllt mit gerösteten Zwiebeln und Nüssen
Milchlamm vom Spieß
Flußbarsch mit Tahini
Sumerische Wasserkresse
Tabbouleh-Salat
Palmherzen mit Joghurt-Sesam-Soße
Dattel-Nuß-Brot
Pistazien-Mandel-Paste
In Sesamöl gebratene Datteln, mit Quark gefüllt
Erlesene helle und dunkle Biere

Persisches Bankett

Die Perser besiegten die Babylonier 539 vor Christus und erlaubten den gefangenen Juden, in ihre Heimat zurückzukehren und Jerusalem wieder aufzubauen. Die Bücher Esra und Nehemia beschreiben die Zeit der Perser von 546 bis 334 vor Christus. Das Buch Ester erzählt von dem Leben am eleganten persischen Hof mit seinen vielen Festen. Eines dieser Feste dauerte 180 Tage (Ester 1,4).

Persien war ein Land mit köstlichen Früchten wie Kirschen, Pfirsichen, Pflaumen und Äpfeln. Die Walnuß hieß damals Persische Nuß, nach ihrem vermutlichen Herkunftsland. Dank der geografisch günstigen Lage Persiens zwischen dem Mittleren und Fernen Osten importierten die Perser Reis, Spinat, exotische Gewürze und Geflügel aus China und Indien in die Mittelmeer-Region.

Die persische Küche war in der ganzen damaligen Welt berühmt für ihre delikaten Gewürze und reichen Soßen aus der Kombination von Früchten und Nüssen. Zu einem Bankett gehörten Weine und Sorbets mit Fruchtsirup.

Kaviar vom Kaspischen Meer
Persische Joghurt-Suppe mit Fleischbällchen
Gedünsteter Fisch mit Kapern
Ente mit Granatapfel-Walnuß-Soße
Gemästetes Kalb
Safran-Pilaw
Gedünsteter Spinat
Zwischen den einzelnen Gängen: Verschiedene Sorbets zur Erfrischung der Gaumen
Bratäpfel mit Zimt
Rosinenkuchen
Verschiedene Weine

Griechisches Gelehrten-Bankett

334 vor Christus besiegten die Griechen unter der Führung von Alexander dem Großen die Perser und beherrschten deren Königreich und auch das Heilige Land. Die intellektuelle griechische Kultur mit ihren Künsten, ihrer Philosophie und ihrer Literatur beeinflußte die Israeliten sehr. Im Gegenzug waren die Griechen beeindruckt von den hebräischen Schriften und übersetzten sie. Viele Griechen konvertierten zu Lebzeiten Paulus' zum Christentum.

Was die Ernährung anbelangt, waren die Griechen sehr auf ihre Gesundheit bedacht, auf Sport als Ausgleich zur geistigen Arbeit. Wieviel man aß, in welcher Zusammenstellung von Nahrungsmitteln und zu welcher Tageszeit war für die Griechen genauso wichtig wie das Menü selbst. Die Griechen liebten Shrimps, Kaninchenbraten und Kräuterbrühen, Leinsamenbrot, dunkle Puddings und Käsekuchen. Intelligente Tischgespräche und gute Weine waren für den gebildeten Griechen genauso wichtig wie das Essen selbst.

Gegrillte Sardinen in Weinblättern
Gersten-Cremesuppe
Feinschmeckereintopf mit Linsen und Rosinen
Ente in Traubensaft
Gebackener Sellerie und Fenchel
Minz-Salat
Käsekuchen
Frische Melone
Verschiedene Weine

Eine vegetarische Mahlzeit der Essener

Die Schriftrollen vom Toten Meer sind Manuskripte der Glaubensgemeinschaft der Essener. Sie bezeugen manche Ähnlichkeit der Essener mit den ersten Christen. Jesus wuchs in der Nähe einer Essener-Kommunität auf. Auch einige Jünger könnten Essener gewesen sein. Die Essener lebten in Kollektiven, die sich selbst versorgten. Sie waren vorwiegend Vegetarier, und zu ihren Mahlzeiten kleideten sie sich in weiße Gewänder. Keimbrote und Wein gehörten zu jedem Essen.

Gemüsesuppe mit Getreide
Suppe aus drei Sorten von Hülsenfrüchten
Ein Sortiment von Keimbroten mit Feigen, Rosinen, Nüssen und Körnern
Lauch und Kohl
Heißer Ziegenkäse mit Kräutersalat
Süße Hirsekugeln
Wein
Granatäpfel und frische Feigen

Hochzeitsfest

„Und am dritten Tag war eine Hochzeit in Kana in Galiläa, und die Mutter Jesu war dabei. Jesus aber und seine Jünger waren auch zur Hochzeit eingeladen."
Johannes 2,1–2

Oliven
Gegrillte Sardinen in Weinblättern
Sabbat-Fischbällchen mit Wasser und Öl
Lammkrone mit Granatapfel-Rosinen-Soße
Junge Ente mit Mostrich-Soße
Hirse-Pilaw
Drei-Sprossen-Salat
Orangen-Zwiebel-Oliven-Salat
Ein Tablett mit getrockneten Aprikosen, Datteln und Mandeln
Brote geformt als Zopf, Dreieck oder Rolle
Aprikosen-Rosinen-Sauerteigbrot
Honig-Wein-Kuchen
Frische Früchte
Wein

Römisches Bankett

Der Aufstieg des Römischen Kaiserreiches und die Entstehung des Christentums sind eng miteinander verwoben. Paulus, der große Missionar, war berechtigt, die frühen Kirchen im ganzen Reich zu besuchen, denn er war römischer Bürger.

Die Extravaganz der römischen Bankette ist legendär. Durch außergewöhnliche Feste wurde der Einfluß und die Macht der Reichen im Staat gefestigt. Eine beeindruckende Vorspeise aus Pfauen-Zungen kostete zweihundert prachtvolle Vögel das Leben. Gesetze mußten erlassen werden, um die Auswüchse dieser Bankette zu begrenzen; aber es blieb weiterhin schwierig, die kulinarischen Beschränkungen auch durchzusetzen.

Die Römer liebten würzige Speisen. In ihren Töpfen schmorten verschiedene Braten. Es gab Fisch, Geflügel, Käse, Gemüse und Salate zu einer Mahlzeit. *Garum,* die fermentierte Sardellensoße, gehörte zu fast jedem schmackhaften Gericht. Die Römer führten viele Eßgewohnheiten und Nahrungsmittel in ihre Kolonien ein und importierten umgekehrt Spezialitäten aus aller Herren Länder der damals bekannten Welt.

Das Agapemahl

Hier handelt es sich um das abendliche Mahl der urchristlichen Gemeinden, das von wohlhabenden Gemeindegliedern finanziert wurde. Ursprünglich war es wohl mit der Feier des Abendmahles verbunden, entwickelte sich aber später zu einer brüderlichen Speisung der Bedürftigen.

Gegrillte Sardinen in Weinblättern
Gersteneintopf mit Linsen
Bratfisch mit Honig
Gegrillter Petrusfisch
Koriander-Beilage
Sauerteigbrot aus Weizen und Gerste
Rosinenkuchen
Frische Trauben

Das Passahmahl

Passah ist das traditionsreichste jüdische Fest. Es erinnert an den Auszug der Kinder Israel aus der ägyptischen Sklaverei unter der gnädigen Führung Gottes und ist für viele Menschen zum Symbol der Befreiung geworden. Uns ist überliefert, wie Jesus die Zubereitung des Passahmahls veranlaßte (Lukas 22,8), das unter dem Begriff *Das letzte Abendmahl* bekannt wurde. Das Passahfest ist ein Frühlingsfest, zu dem ein Lamm als Speisopfer geschlachtet wurde. Außerdem aß man ungesäuerte Brote und bittere Kräuter, dazu wurde Wein getrunken. An das Passahfest schließt sich das siebentägige Fest der *Mazzot* (der ungesäuerten Brote) an.

Hartgekochte Eier in Salzwasser eingelegt
Rohkostplatte mit Petersilie, Staudensellerie und Oliven, mit einem Dip aus geriebenem Meerrettich und Essig
Matzen
Eingelegter Fisch
Lammseite mit Mostrich-Soße
Grüner Salat aus bitteren Kräutern
Chicorée mit Oliven und Rosinen
Haroseth
Passah-Gewürzkuchen
Wein oder Traubensaft

Festessen zu Ostern

Das Osterfest wird im Neuen Testament nicht ausdrücklich erwähnt. Das Fest der Auferstehung Jesu Christi ist die christliche Entsprechung des Passahfestes und wurde zum ersten Feiertag der frühen Christen. Das Osterfest beinhaltet einige römische Fest-Bräuche. Schinken, bei römischen Festen sehr beliebt, wurde zum traditionellen Passahlamm serviert. Das Ei, ein altes Symbol des Frühlingserwachens, kam später zur Ostertradition hinzu.

Süß-salzige Eier
Gedünsteter Fisch mit Kapern
Rehrücken mit scharfer Aprikosen-Soße
Milchlamm vom Spieß oder
gemästetes Kalb
Bulgur-Pilaw
Grüner Salat
Aprikosen-Rosinen-Brot
Joghurt-Frischkäse
Kandierte rote Bete
Honigkuchen

Festessen zu Pfingsten

Pfingsten ist ein altes Erntefest, das seit Jahrhunderten mit der ersten Weizenernte im Heiligen Land zusammenfällt, und zwar sieben Wochen nach der ersten Gerstenernte. Zwischen dem Passahfest und Pfingsten fasteten die frühen Christen 50 Tage lang, wodurch die Fastenzeit vor Ostern ergänzt wurde. Pfingsten wird als Beginn der christlichen Kirche betrachtet und in Apostelgeschichte 2 beschrieben. Der Heilige Geist kam an diesem Tag über die Apostel und etwa 120 Jünger, mit denen sie sich zum Fest in Jerusalem getroffen hatten.

Pfingsten, in der jüdischen Religion Shabuoth genannt, erinnert an den Empfang der Zehn Gebote am Berg Sinai. An diesem Tag wurden traditionell hauptsächlich aus Achtung vor dem Gebot „Du sollst nicht töten!" Milchprodukte gegessen.

Joghurt mit frischen Kräutern und Gurke
Gersteneintopf mit Linsen
Safran-Pilaw
Heißer Ziegenkäse mit Salat aus bitteren Kräutern
Römischer Spargel
Vollkorn-Pitas (Brottaschen)
Feigen in Rotwein mit Sahne
Fenchelkuchen
Geröstete Mandeln
Kompott aus frischen Beeren
Wein und Traubensaft

Chanukka

Chanukka, das Lichterfest, findet zur Zeit der Wintersonnenwende statt und erinnert an das Lichtwunder während der Befreiung der Juden von der griechischen Besatzung unter Antiochus Epiphanes. Die Geschichte wird im 1. und 2. Buch der Makkabäer in den Apokryphen berichtet. In Öl zubereitete Speisen erinnern an das wenige Öl, das im zerstörten Tempel das Ewige Licht 8 Tage lang brennen ließ.

Als Vorspeise *eine Auswahl von*
Oliven, Mixed-Pickles und Rettich
Gebratene Gans mit Rosinen und Gerste gefüllt
Rotkraut mit Rosinen
Ziegenkäse-Pfannkuchen mit Fenchelsamen
Mandelpaste
Zwiebel-Krüstchen
Feigen in Rotwein
Honigkuchen

Das Sabbatmahl

Der Sabbat erinnert an den Schöpfungsbericht. In 2. Mose 31,17 heißt es: *„Der Sabbat ist ein ewiges Zeichen zwischen mir (Gott) und den Israeliten…"* Nach antikem Verständnis ist nur der Mensch gerecht, der Gottes Gebote hält. Darum: wenn Gott am siebenten Tag nach seiner Erschaffung der Welt ruhte, sollten sterbliche Menschen es ihm nicht gleichtun? Ob Samstag oder Sonntag, der Grundgedanke, einen Tag für den Gottesdienst einzuräumen, steht außer Frage. Die Griechen und Römer lächelten über die Juden und ersten Christen, die ein Siebtel ihres Lebens an ihren Idealismus verschwendeten, da dieses Konzept der allgemeinen Arbeitsethik, wie sie in der Antike herrschte, widersprach.

Traditionell wurde das Sabbatmahl vor Sonnenuntergang zubereitet. Strenge Hüter der Gesetze verboten jedem Mann, jeder Frau und jedem Kind oder Diener, danach im oder außerhalb des Hauses zu arbeiten. Sogar die Arbeitstiere ruhten am Sabbat aus. Auch Jesus besuchte die Synagoge und las dort am Sabbat aus den Schriftrollen vor (Lukas 4,16).

1. Das Mittagessen am Sabbat
Sabbat Fischbällchen (mit Öl und Wasser; weder Butter noch Milch verwenden)
Hühnchen mit Salbei im Römertopf
Gekochte Gerste (Graupen)
Feigen in Rotwein
Challah
Fenchelkuchen

2. Das Abendbrot am Sabbat
Traditioneller Sabbat-Eintopf
Challah
Fenchelkuchen

Das Buch als Lehrmittel

Lehrer und Eltern werden in diesem Kochbuch viele Anregungen finden, kleine und ältere Kinder für das Leben zur Zeit der Bibel und entsprechende Speisen zu interessieren. Eltern können sogar leichter als Lehrer einige der folgenden Vorschläge aufgreifen, denn sie sind (besonders am Wochenende) zeitlich nicht so eingeschränkt und fürs Kochen besser ausgerüstet. Wir schlagen für Sonntagschulen und Kindergottesdienste schnelle Gerichte vor. Zeitaufwendigere Menüs können in Tagesschulen oder zu Hause ausprobiert werden. Der Lehrer kann, wie auch in Fernseh-Kochshows, die einzelnen Lebensmittel fertig vorbereitet mitbringen, damit die Kinder das Gericht im Klassenraum fertigstellen und essen können.

Auch als Gemeinden kann man in das wöchentliche Programm Kochkurse nach der Bibel als eine besondere Art des Bibelgesprächskreises integrieren. Nach diesem Buch kann man Kurse in unterschiedlicher Länge anbieten, je nachdem, ob man ein besonderes Nahrungsmittel hervorheben möchte, wie zum Beispiel das Brotbacken, oder die Vorbereitung für ein besonderes Fest.

Milchprodukte. Joghurt-Drinks aus einem guten Joghurt können schnell in einer Unterrichtsstunde zubereitet werden. Das ist eine Sache von wenigen Minuten. Joghurt und Joghurt-Käse brauchen dagegen 24 Stunden; Quark sechs Stunden. Weil jedoch jede Käseart nach den verschiedenen Rezepten gewürzt werden kann, ganz gleich, ob es sich um selbstgemachte oder gekaufte Käsesorten handelt, kann in jedem Fall ein Einblick in die Vorratshaltung von Milchprodukten zur Zeit der Bibel gegeben werden.

Vollkorn-Getreide und Hülsenfrüchte können im Klassenzimmer gekeimt und dann zum Knabbern, für Salate oder zu Brot verteilt werden. Bulgur kann mit kochendem Wasser überbrüht und dann warm gegessen oder für einen Salat gewürzt werden. Die süßen Hirsekugeln sind außerdem ein Snack, der keine lange Zubereitungszeit braucht und besonders Kindern gefällt. Wenn eine Kochplatte oder ein Herd zur Verfügung steht, können gebrannte Honigmandeln, geröstete Weizenkörner oder Kichererbsen aus der Pfanne im Vormittagsunterricht zubereitet werden. Kichererbsen müssen eine Nacht vorher eingeweicht werden.

Brot. Brotbacken ist eine wichtige Lernerfahrung und erklärt, warum sich die Bibel immer wieder auf das Brot bezieht. Wie Sauerteig entsteht und wie lange er braucht, wie der Brotteig geknetet wird und aufgeht, ist heute den meisten Kindern nicht mehr vertraut. Im Vormittagsunterricht kann ungesäuertes Brot, wie Matzen in Kräckergröße, hergestellt werden und den Auszug aus Ägypten verständlich machen. Saras Brot und Gerstenkuchen sind ungesäuerte Brote in ihrem Urtyp. Sie können innerhalb von einer Stunde zubereitet und in einer Bratpfanne oder im Ofen gebacken werden. Hefebrote, wie Dattel-Nuß-Brot, können in einem Zeitraum von sechs Stunden geknetet und gebacken werden. Dabei wird der Vorteig zu Hause gemacht und in einer Thermoschüssel in die Schule getragen, um einen Temperaturwechsel zu vermeiden. Dann kann der Teig zu Beginn des Unterrichts fertiggestellt und von den Kindern geknetet werden. Teig für Sauerteigbrot ist viel fester und kann das Kneten und Reißen von vielen kleinen Kinderhänden gut vertragen. Wird der Teig zu Pitas (Brottaschen) geformt, ist die Backzeit wesentlich kürzer, aber der Ofen muß mehr Hitze entwickeln.

Fleisch-, Geflügel- und Fischgerichte sind im allgemeinen komplizierter, eignen sich also besser für ältere Schüler. Aber die Fisch-Gemüse-Suppe kann auch von Jüngeren hergestellt werden und mit Saras Brot oder Gerstenbrot, Keimlingen und Hirsekugeln oder geeigneten Früchten ein einfaches biblisches Mahl ergeben, zu dem Joghurt-Drinks gut passen.

Gemüse und Früchte bieten die Möglichkeit, Kindern auf einfache Weise Nahrungsmittel aus der Bibel nahezubringen. Salate lassen sich ganz einfach zubereiten, wie der Zwiebel-Oliven-Orangen-Salat oder Rosen-Apfel-Salat, wobei die kandierten Rosenblätter zugunsten von natürlichen, ungespritzen Blütenblättern aus dem eigenen Garten wegfallen dürfen. Bei Honig-Zwiebel-Broten müssen die Zwiebeln einen Tag zuvor zubereitet werden. Es empfiehlt sich, die Zutaten zu diesem und anderen Rezepten von den Kindern mit in die Schule bringen zu lassen, um sie noch stärker am Geschehen zu beteiligen.

Desserts und Süßigkeiten bieten viele Möglichkeiten. Das Rezept für den Feigenkuchen kann leicht nachvollzogen werden. Dagegen braucht man für die verschiedenen Honigkuchen eine richtige Küche. Im Winter sind Sorbets einfach zu handhaben und können Gespräche über den persischen Hof veranschaulichen. Auch Honig-Creme ist ein einfaches, typisches Dessert für kurze Schulstunden. Haroseth schafft eine Verbindung zum Leben der Römer, denn ursprünglich ist es eine römische Speise und wurde später Bestandteil des Passahmahls. Die alten Mittel zum Süßen, wie Trauben- oder Aprikosen-Honig und Dattel-Sirup, können in kurzer Zeit auf einer einzelnen Kochplatte entstehen.

Snacks und Kindermenüs aus der Bibel

Folgende Gerichte machen Kindern auf einfache Weise das Leben zur Zeit der Bibel anschaulich:

- Matzen
  Zimtkäse
  Gehackte Datteln und Mandeln
  Traubensaft
- Joghurt-Suppe mit Rosinen
  Tabbouleh-Fischstäbchen
  Aprikosennektar mit Wasser verdünnt
- Sauerteigbrot aus Gersten- und Weizenvollkornmehl
  Shish Kebabs aus Lammfleisch
  Gebackene Zwiebeln
  Getrocknete Aprikosen
- Sabbat-Fischbällchen
  Linsen-Pfannkuchen mit Traubenhonig
  Kalte Rote-Bete-Creme und Karob-Joghurt-Drinks
  Wassermelone

Die Rezepte

Stichwortverzeichnis für biblische und historische Begriffe

Stichwortverzeichnis für biblische und historische Begriffe